Nina Bouraoui

Poing mort

Gallimard

Nina Bouraoui est née le 31 juillet 1967 à Rennes. Elle a reçu pour son premier roman, *La voyeuse interdite*, le prix du Livre Inter 1991.

À mes parents,
à ma sœur.

1.

Des mouches plus ou moins grosses s'activent entre les nœuds de ma chevelure. Tantôt grises, tantôt brillantes, selon la lumière du jour, elles tachettent la peau, creusent ses pores et refont les traits du visage. Elles s'accouplent comme des amants en quête de ravissement, se découvrent, se chevauchent, puis s'éparpillent en cercles mobiles. Préférant le visqueux des larmes à la corne des mains, elles se concentrent pour un temps sur une bille striée de sombre : la châtaigne de l'œil. Un nid affairé travaille dans le mou. Une communauté s'érige. Les pattes taquinent l'orbite, quelques ailes se reposent à l'ombre des cils, les corps s'étirent sur une paupière, les bouches plongent puis se régalent d'une conjonctivite généreuse. Un ballet de paillettes s'agite sous le contrôle d'un point fixe et solitaire : le soleil. Une bande de couleurs se déroule, une fois séparées, les teintes hésitent, choisissent leur alliée puis se mélangent telles des sanguines sur une planchette de bois. La colonie ailée quitte le regard, sautille à pieds joints sur l'arête du nez, s'engouffre dans le couloir des narines, monte à contre-courant l'orifice puis se laisse retomber en fille lourdaude et négligée. Elle continue son chemin, pompant la pulpe de la bouche, se pendant aux plis du cou. Après une découverte minutieuse de la tête et de ses veines, elle dévale le corps pour une course d'endurance autour de l'habit. Paquets noirs dans l'encolure, courbes symétriques le long des manches, niches sous l'aisselle, dessins miniatures sur les revers, ronde au milieu du pli, mosaïque compliquée pour les jambes, boulettes biscornues entre les lacets, entre les coutures, entre deux cuisses largement écartées.

La membrane de peau cachée au fond de chaque oreille renvoie le bourdonnement exact des noiraudes excitées. Tympan-tambour ! rouge et réceptive, elle tremble et siffle comme les ailes d'un insecte chanteur. Au-dessus de ma tête, un refrain composé de notes trop hautes craquelle l'air en galeries microscopiques. Des mèches de tristesse s'y engouffrent et alourdissent l'atmosphère. Une voix de crevarde accompagnée de quintes de toux prend la place du chœur, la rengaine se transforme vite en dernier râle. On ne perçoit plus que les basses. Le soleil se voile. On ne voit plus que le sombre. Le mica fond dans le granit, la pierre neutre domine, le doux devient rêche, les mouches, ombres ridicules d'un ridicule trompe-l'œil, se figent en vulgaires cailloux, le corps redressé, la jambe droite à même la terre, le poing menaçant le ciel, je n'ai plus qu'une vision panoramique et réelle de la chose : une pierre tombale grise et parfois argentée.

Je quitte le socle des jeux de lumières, m'époussette et, après un petit pardon, je débouche d'un coup d'index mes oreilles bien éprouvées. Le champ de la mort a retrouvé son calme. Je vacille et crois cracher du sang. Un serpent se faufile entre les conduits de mon cerveau, il traverse la chambre vide, s'enroule autour du pôle plein de nerfs, dresse ses écailles en guise de bouclier et griffe dans sa glissade le réservoir de larmes. Il postillonne son venin, diffuse sa méchanceté dans les endroits les plus retirés de mon corps, il éclabousse l'entière circonférence de l'esprit puis va cogner contre des petits sexes troués en leur milieu : les pétales d'alvéoles.

Le cœur file, la raison déraisonne, la tristesse se mue en désespoir. Je retombe sur la pierre, incapable de lutter. Tapie dans l'ombre de mon ombre, je reste clouée au sol, le front bas, les genoux couverts de bosses, la gorge serrée par les premières convulsions de la honte, ne pouvant me recroqueviller que dans l'antre de ma propre solitude. Sous mes paumes, le rien s'est arrêté de battre.

Le drap de granit tendu à mort contre la mort

reste froid et dédaigneux, un tambour signale au loin la défaite, une colonne de fumée sèche les rigoles d'humidité, les branches des saules pleureurs se resserrent au-dessus des corps étendus, un autre ciel, cordé et résineux, abrite les chats hurlants. Les croix ont perdu leur éclat. Un goût de terre mouillée s'empare de ma langue. Sous une feuille transparente, des dentelles roses gémissent d'avoir été cueillies pour si peu.

J'ai enfourché la sépulture il y a dix minutes à peine après avoir refermé la grille du lieu sur un dos courbé par les pleurs et une âme anéantie par le vide. Je suis gardienne de cimetière. Je vis avec la mort et je meurs d'ennui avec la vie. Habituée au calme d'un curieux village bien hiérarchisé dans son tracé et sa composition, je fuis les veuves et les orphelins, l'effervescence et la complainte. Je ratisse, je tasse, je sème, j'arrose, je fleuris, je taille, j'embellis avec des moyens de fortune la terre des défunts pour le recueillement des vivants. Je suis la main invisible qui arrache l'aspérité et les travers, je calme la douleur en renvoyant l'image colorée d'un plan de culture soigné. Je teins la mort en composant bien au-dessus d'elle et chasse en surface l'impression de disparition définitive.

Avec mon râteau je trie, pèse puis saupoudre. Avec mes mains je caresse les meurtris. Avec mes jambes j'enlace l'idée d'un être. Avec ma pelle je pioche l'anecdote parmi les innombrables événements qui chevauchent à l'horizontale les corps éteints de mes protégés. Plus maligne qu'une simple bête, je les ronge en finesse, sans laisser de traces ni d'indices en m'emparant des bouts d'âme qu'ils laissent traîner autour des bouquets de fleurs, des épitaphes gravées dans le bronze et des colifichets à tête de fils de Dieu. J'accueille les visiteurs avec la moue de ceux qu'on dérange. En un tour de main et de sourire, j'expédie la complainte hors de mon chemin, taquine le geignard, bouscule le faible, pince le nez des pleureuses, botte le derrière des retardataires et je m'esclaffe sans y croire devant les nouveaux temples dressés, ces maisonnées vides qui écartent pour un instant l'odieuse sensation de prier pour une charogne. La manigance des vivants n'est plus apte à orienter l'autre vie des morts. L'influence ne traverse ni la terre ni le ciel.

Je me fraye un chemin entre le rien et les riens avec l'aisance d'une chèvre bien sabotée. Sécateur à la main, cheveux ramassés en cloche, tablier bleu que je noue en amazone les jours de belle humeur, godillots confortables et habits amples, je suis une ménagère scrupuleuse, sans cesse à la recherche d'un pot cassé ou d'une herbe folle. Je sautille entre les allées, crève les sachets de graines, asperge la pierre, picore dans le tas, brûle les feuilles d'automne, attise les feux follets et chante la mort pour faire peur.

Les nuits d'été, accroupie derrière le mur du

jardin, je tape sur le dos d'une casserole, bour-
donne comme une crécelle en pleine fête, puis je
pousse de longs soupirs de défaillance pour chasser les promeneurs voyeurs. La mort m'appar-
tient. J'en ai fait mon unique souci. Mon unique
occupation. Elle se cache dans un éboulis de
gravillons, se froisse au fond d'un chiffon sale,
resurgit dans le désordre d'un cagibi, sous les
paillettes d'un château de sciure en sang. Je la
vois au pied des arbres, juchée sur un toit
d'ardoises, dans le cri de rassemblement des
oiseaux migrateurs, à califourchon sur la roue
d'une charrette, sous mes ongles, à côté de mon
sexe qui ne sert pas. Une corde, un escabeau, une
poulie, deux planches portent sa marque et elle
fredonne, joyeuse, un air inconnu entre les notes
d'une sirène. Téméraire, je lui réponds dans
l'écho du glas.

Témoin privilégié de la mise en terre, je par-
cours les lits de mes protégés d'un œil averti,
reconnaissant au passage quelques visages, quelques regards, des visages d'os et de poussière
dont le sourire reste intact dans les petits cadres
d'argent scellés à même la dalle. Ils posent sous le
verre puis se décomposent sous la pierre. Les
corps désespérément nus se tordent dans un
coffret de sapin, embarcation brillante pour le
fond d'une cave humide et trop étroite. L'intérieur du caisson est capitonné de coussins roses
ou bleus, l'extérieur, lui, supporte un amas de

terre plus ou moins fraîche. L'air n'est que le souvenir du souffle, l'odeur est celle du bois contre celle de la chair ; le temps n'importe plus, les poignées métalliques rouillent puis se détachent. Et on imagine aisément des animaux moustachus grignoter la laque de la boîte.

Souvent, les nouveaux venus gigotent dans leur trou. Une dernière fois en érection, les sexes se frottent contre le tissu pour la dernière expérience. En vain. Les nerfs se démènent, les veines gonflent, la chevelure s'enroule, les ongles poussent très vite et la corne perce la rayonne. Certains ont gardé leur bague, d'autres leurs jouets, et une amoureuse se souvient du velouté de la peau, de l'odeur du cou, du son de la voix, de la pression des bras. Des galeries souterraines se creusent, les fissures s'éventrent à coups de silex. Ce n'est pas la main d'un travailleur insomniaque qui arrache les gravats séparateurs mais l'affaissement dû au temps. Tout s'émiette. Tout se rejoint. Et les trous communiquent en fosses. Les cadavres se chevauchent, pompent la chair, se piquent aux os puis s'effilent à l'infini. Une grande famille jumelle se reconnaît dans la terre, seule la taille les fait se distinguer les uns des autres jusqu'à ce que le cartilage se détache. Une pelote de laine et ses aiguilles tissent dans la nuit, le bois est troué, les mains se serrent, les côtes embrassent le bassin, une vertèbre danse la gigue en haut d'un crâne, les orbites ont perdu leur matière à voir, la tête roule puis s'arrête. En surface, il reste un nom pour la mémoire de ceux qui se recueillent. Un éclat de rire qui hésite encore entre l'oubli et l'éternité.

2.

Mon affinité avec la mort a commencé dès mon plus jeune âge ; non pas par excès de morbidité mais par conscience de la finitude et plus exactement de Ma finitude. Mon corps d'enfant contenait à lui seul tous les signes infaillibles d'un défaut d'infini. Sous ma main, je sentais sautiller un organe bien fragile qui battait la cadence pour un temps ; les autres, à l'affût du sang, se gorgeaient en silence jusqu'à épuisement. Ils suçaient dans la chair à mon insu, s'accordaient en cachette pour une prochaine maladie ; la peau, elle, se moquait bien du souvenir du premier grain et ne cessait de se racornir. Plus tard, ces poches de vie m'abandonneraient sans prévenir. Pas de date, pas de lettre, je devrais à mon tour tomber dans une tranchée pleine d'ombres et de secrets. Je décidais d'échapper à la surprise en me liant à la femme en habit d'os qui tenait sérieusement ses comptes dans un agenda noir à feuillets mobiles. On disait qu'elle traînait près des hôpitaux, des morgues et des cimetières, autour des ports et des hangars peu sûrs. Moi je l'ai trouvée au milieu d'un lac, elle avait déployé sa chevelure de sel et marchait sur l'eau comme un hippocampe ivre de coups bas. Séduite par cet air de flûte indienne qu'elle jouait avant de frapper, j'aimais sa manigance, sa frivolité, cette façon d'arriver chez les gens, peu soucieuse des règles de courtoisie. Elle embaumait le phosphore et la cruauté, la poussière et l'absurde. Je glissais ma tête sous ses deux jambes de bois et, à force d'habitude, je savais toujours où la trouver.

Là, accoudée au détail, elle tournait dans le roulement à billes d'un patin, jouait à l'équilibriste sur la tranche d'une lame d'Opinel, faisait la fière à la pointe d'un roseau taillé; elle se vautrait dans la boue des premières pluies, traversait les flammes, trafiquait les lance-pierres, provoquait la bagarre, aiguisait d'un coup d'ongle les haches et les couteaux, puis, dans une berceuse un peu sombre, elle dictait mes actes. Je sautais telle une démente sur la Terre pour accéder plus vite au Ciel dans un jeu de marelle, poussant toujours plus loin du pied la boîte métallique qui me servait de joint précieux entre le sol et la crevasse aux mille nuages. Je me perdais avec délice dans les branches compliquées d'un grenadier, fréquentais les derniers étages et leur terrasse, me ruinais dans les observatoires pour scruter l'infini. Quand le jour disparaissait, l'étrange nuit qui enlève puis rançonne les mortels tombait sur moi à la façon d'un couvercle sur son récipient. J'étais au fond d'une casserole, mes doigts grattaient l'inox. Le noir de ma chambre était encore plus noir. Je refusais de laisser la porte entrouverte sur les autres, haïssant les filets de lumière, les bribes de conversation rapportées par les courants d'air, et je me passais bien de l'objet fluorescent qui apaise la douleur de l'attente du sommeil. Je tendais la main vers des fantômes connus de moi seule : un chapeau, une veste, un masque, un tricot, une armoire, subitement transformés en personnages de chair, dansaient la farandole sous mes yeux aveugles d'obscurité ; puis, cachée sous mon lit, les mains jointes et le regard plaqué contre des ressorts toujours souples, je simulais ma dernière heure. Une croqueuse de doigts s'amusait avec mes pieds. Les rêves couraient entre un carrelage glacé et un sommier animé.

Les rares poupées qui arrivaient entre mes mains avaient une durée de vie très limitée. Je coupais d'abord les cheveux synthétiques des beautés silencieuses pour leur donner un air de collaboratrices punies en temps de paix, mitées à souhait, je les plongeais ensuite dans un bidet dont l'usage variait selon l'humeur : urinoir, baignoire pour enfant, lavoir de sexes et de pieds, récipient d'émail qui prend si bien la forme des fesses... Une fois trempées, je les enduisais de farine — le talc des pauvres — puis, avec une pince, j'arrachais un à un les cils de ces yeux toujours ouverts. Je mutilais mes victimes avec respect. Munie d'une clé anglaise miniature, je creusais un trou très profond entre les cuisses garnies de plastique, bref, j'étais une faiseuse d'anges plutôt maladroite, avortant les fausses créatures qui n'aspiraient qu'au jeu de l'enfante-ment. Le travail achevé, je les disposais en rangs symétriques sous le pupitre de mon bureau. Cou-verts d'encre et de grumeaux, leurs petits doigts sans ongle se repliaient en guise de contestation ; généreuse cependant, je coinçais un crayon entre la planche et le fond pour qu'elles reposent au demi-jour.

J'allais et venais entre les champs noirs de la disparition et la lumière de l'instant présent telle une promeneuse désœuvrée. Guettant l'accident du haut de ma fenêtre, j'aimais voir les petits enfants trébucher sur un escalier de ciment. Je souhaitais le cri et la tristesse. Je rejoignais l'attroupement, détectais de loin le bruit du verre cassé, poussais les amateurs et me proposais comme grand témoin : le juré qui tranche et qui condamne.

Je certifiais sur l'honneur les dépositions, écar-tais l'injustice, je signais pour la victime et racontais l'événement, aidée d'une alliée infail-lible : la précision dans l'horreur. Les yeux grands ouverts happaient l'anecdote, cette chose aux allures insignifiantes qui se recroqueville dans la mémoire pour ne plus jamais en sortir : une bouche bleue, un poignet tordu, le pare-brise en étoile filante, une roue de vélo s'activant dans le vide, une poignée de cheveux qui vole au gré du vent, des traces de freins noires de regrets. Les constats n'avaient plus de secret pour moi, j'étais la méchante petite fille aux doigts pleins de sang. Le nez en avant, toujours à l'affût d'une bavure du hasard, j'accourais au son des sirènes, des klaxons et des complaintes, me précipitais sur les flammes et vacillais sous l'éther. Je traquais l'incident et me portais garante de sa grandeur ; faux pas, coïncidence, malchance et séries noires fragilisent l'humain, ce tronc porté à l'aveuglette par deux tiges qui trébuchent à tout instant. La rubrique nécrologique laisse imaginer. Le fait accompli donne l'image. Un échafaudage branlant, un balcon mouillé, une ménagère en haut d'un tabouret, le vertige, l'insomnie et les larmes portaient, selon moi, le sceau sacré de la mort. Je hantais les caves et les greniers, les remises et les débarras, je comptais les taches brunes de mes amis vieillards et m'amusais de les voir se multiplier si vite, d'abord sur les mains puis dans les plis du crâne. Je pinçais les cuisses des fillettes, attendais le bleu du choc, j'indiquais la mauvaise route aux égarés, j'écoutais aux portes et rapportais le secret.

J'arrachais les peaux, les croûtes et les boutons, je piquais d'un coup d'aiguille à tricoter le ventre des chattes et assistais à la noyade des indésirables ; je tordais le cou des poules et des coquelets, je cirais le parquet pour qu'on tombe, dévissais les tringles à rideaux et tirais la chaise de mon voisin ; je partais à la cueillette des fruits vénéneux, concoctais des bouillons néfastes et je dissimulais sous les oreillers des paquets de mouches écrasées. La mort s'amusait entre mes doigts. Elle fut mon premier hochet. Je la secouais pour faire du bruit, la balançant tantôt derrière mon épaule, la nichant ensuite dans le creux de ma gorge irritée par les maladies de l'enfance. Je transformais malicieusement une égratignure en gangrène incurable, une coqueluche en œdème ravageur, un reniflement en angine de poitrine. Je refusais de me soigner. La mort me prendrait en plein été ! Elle racornissait ma jeunesse, me déshabillait en pleine assemblée, elle ralentissait ma course en m'envoyant, par petites piqûres, l'image obsédante d'un corps sous terre. Les enfants avaient peur de moi. Les parents se plaignaient à ma mère. Et je continuais à raconter. Il fallait qu'ils sachent ! Nous étions des paquets de sang plus ou moins grands, un jeu d'os s'était mis en branle pour nous faire avancer vers l'abysse du dernier jour.

3.

Entre le jour et la nuit, lorsque mes semblables ont déposé une dose suffisante de dons et de regrets sur la mémoire des corps des générations éteintes, le soir naissant les renvoie en cortège discipliné de l'enclos des larmes et des pensées. Au demi-jour donc, quand la nature ne se laisse plus faire par la lumière, je me fonds au calme d'une fin de soleil. La porte est close, le rideau tombé, le tapage extérieur s'en va se gaver derrière des fenêtres dont on a déjà fermé les volets. Munie d'une lampe à pétrole sortant tout droit d'un salon de famille, je m'installe face aux sépultures. Le jardin funèbre m'octroie encore de ravissantes surprises. Un angle adoucit sa forme pour une autre perspective, là je découvre un horizon de croix repeintes par les intempéries, ici une tranchée zigzague entre deux rangées de pierres, au loin un parvis de dalles est en train de se faire veiner par le lierre.

Tombes mouvantes, brunes ou roses, elles

grattent la terre, croquent la broussaille et s'élèvent au ciel par la voix d'une figurine sacrée. Voûtes, arcades, coins et recoins, fissures et turbulences ne cessent de travailler en dépit du temps mort. La couleur du rien est changeante. Elle passe par des verts luisants, des mauves serrés en taches éparses, des nœuds mordorés, des courbes noires et des gerbes blanches semblables à des traînées de bave ; elle éclate en boutons flamboyants, se divise en trois sur la longueur d'une banderole, s'étire le long d'une plaque et meurt dans le fauve d'un pot-pourri de racines malignes.

Étranges maisonnées rectangulaires ! Les unes, biscornues à souhait, me font toujours sourire. Un arbuste tente de pousser droit malgré ses parasites, une couronne mal ficelée tourne sur elle-même, un vase de porcelaine prend l'eau et s'effrite en granulés coupants, les cadres se chevauchent, le Christ cligne de l'œil, les fleurs se fanent et une photo cornée sur les côtés dévoile l'embonpoint de son modèle. Les petites intentions sont nombreuses et seuls les bons moments sont évoqués au-dessus de ces potagers d'amour. Un ange mal dénudé veille à la sieste des anciens négligés et le désordre rit au nez des indignés. Les autres, austères, avec leur granit anguleux, n'inspirent que l'effroi. Noires, elles ne se mêlent pas, ne s'affaissent pas, ne vieillissent pas. Elles ne donnent libre cours ni à l'oubli ni à l'ironie. Elles sont ici seulement pour nous cracher au visage l'injuste dessein de ceux qui les embrassent. Ils aspiraient à l'éternité, les voilà rendus à la situation universelle! Elles refusent les fleurs, font glisser les petits cadres d'argent, rejettent l'objet sacré, les banderoles et les citations. Ingravables, il faut regarder de très près pour déchiffrer le nom de celui qu'elles écrasent; taciturnes, elles n'admettent que le haut-de-forme, les femmes translucides, les célibataires en bas bleus, les pleurs ravalés, les enfants en uniforme. Elles se veulent solitaires, rares et héroïques, ne craignant ni l'été ni l'hiver et encore moins les coulées lunaires. Elles rejettent les feuilles, les graviers, la poussière et les pétales envolés et renvoient d'un seul coup d'œil les matous qui ne se soucient guère de la bienséance pour déféquer en paix.

Elles recouvrent des hommes en complet sombre, des comtesses déchues, des élégants à têtes de dégénérés, des bien-pensants fin de race et de grands artistes qui ont refusé de créer pour la médiocrité. Tombes des incompris, elles s'entourent de terre fraîche mais stérile; il faut faire au moins dix grands pas loin d'elles pour découvrir une marguerite qui ne demande qu'à être amoureusement effeuillée.

Quelques-unes, plus colossales, indiquent aux yeux du promeneur la richesse, le pouvoir, l'influence de son habitant. Munies d'une porte, d'un toit qui supporte malgré lui une statue au poing levé, elles ne touchent pas la basse terre. Grâce à un socle imperméable, elles dominent la pierre, méprisent l'herbe et le pavé, écartent les aléas du temps et du Temps qui passe. Recouvertes de vases scellés à même la dalle, elles n'hésitent pas sur les couleurs les plus provocantes, les rubans les plus larges, les épitaphes ronflantes qui disent d'une voix haute : une Nation entière te regrette ! Orange, jaunes, bordeaux et rouges, leurs gerbes s'activent en mares vivantes pour faire front à l'imagination. Chaloupes imposantes, grandes parmi les petites, elles sommeillent les pieds au sec, s'agitent sans raison valable à l'aube, rejettent la pauvre, déshabillent l'humble et s'éveillent au son des trompettes. Capricieuses, elles guettent le décorateur obscène puis fondent de joie devant les parures extravagantes : figurines altières en pierre taillée, incrustations précieuses, cristal rare, emblèmes intouchables. Elles se font sacrer au nom de l'opulence, et, sous elles, le rien ricane dans un trou trop grand : le gouffre du leurre et de l'erreur.

Et puis il y a les boiteuses ; souillées d'avance par les débris qu'elles recouvrent, envahies de mauvaises pousses, le profil brouillé et l'indifférence pour unique compagne, elles ont la vie dure et la vue basse. Sépultures anonymes, cercueils insignifiants, dalles branlantes, broussailleuses et grimaçantes, si on regarde attentivement, on peut les surprendre en train de tirer sur une ronce pour mieux se cacher. Honteuses comme un sein nu, je ne les taille plus. Les décorations naturelles résistent à la pioche, aux ciseaux et à la bonne volonté. Délaissées par les uns, humiliées par les autres, sans nom, sans visage, elles se laissent aller à la dérive, ne luttant ni contre les creusets de la terre ni contre le roulis dû au vent. À l'ombre des cyprès, elles craquellent, attendent la nuit, s'enduisent de résine les jours de sève, se parfument au moisi et cherchent le sang le long d'une tige venimeuse. Les champignons mortels forniquent à leurs pieds, les doryphores s'empoisonnent. Elles sentent les vieilleries et la défaite, le chancre et l'incurable, la morsure et son liquide. Une coulée de boue vitrifie le regard, les mousses impures tourbillonnent sur la face, la pierre tombe, la terre remonte et les rares visiteurs s'enfuient en se signant. Pas de cadre pour les mauvais morts. Pas de fleur pour l'oubli. Petites fosses communes, elles toussotent quand il gèle, se dessèchent au chaud, bourgeonnent au temps des cerises et se croûtent à l'automne. Cercueils des impies, toiles des délaissés et des mauvais garçons, barques damnées d'avance, elles n'acceptent que ma main pour apaiser la douleur de n'être rien. Juste une pierre ponce, un peu plissée sur les côtés.

4.

Pour mon dixième anniversaire, la femme en habit d'os fit teinter ses cloches en guise d'annonce du nouvel âge. Pendue au lustre du salon, un doigt pointé sur moi, elle s'égosillait en chantant l'air de la fin. J'embrassai le nombre à deux chiffres et quittai tristement ma peau de numéro solitaire. Le temps m'avait tendu sa corde, je chevauchais son premier nœud. L'indice de grandeur se mettait à pivoter, à s'ajouter, à se multiplier, et même une main innocente ne pouvait retenir la belle époque, celle où les dents tombent dans un oreiller en forme de bourse très convoitée. La souris ne passerait jamais plus. La bouche avait tenu sa promesse et proposait à l'interlocuteur des carrés d'ivoire définitifs, plantés dans une gencive qui savait être discrète lors d'un sourire ouvert ou d'une morsure à pleines dents. La langue ne suivait pas. Plutôt blanche à l'aube, elle était piquée l'après-midi de points rugueux comme une fraise encore jeune, puis tournait sept fois sur elle-même avant le repos de la nuit. Les enzymes sécrétaient, le palais fleurissait, l'aphte dessinait une belle arête dans un creux mouillé, le reste du corps était ficelé dans une boule de dentelles très fines. Cheveux minces, nombril à tête chercheuse, côtes miniatures, poinçons de lait sur les attaches, la peur se nichait à l'intérieur du ventre comme une poche de bile qu'on n'arrive pas à cracher tant ça fait mal. Le cœur était descendu de plusieurs crans, il tapait dans le sexe mais je ne savais pas. À dix ans, le plaisir est un pincement qui fait rougir. Un index terrorisé s'engouffre dans une datte dénoyautée. Mais on ne sait pas. Le sucre et le suc restent en suspens. L'expérience est lointaine.

Bossue, un sifflet autour du cou, les ongles noirs et une envie de tuer coincée entre les bretelles de mon cartable, je m'en allais telle une furie, jambes écartées et ceinturon de guerre sur les flancs, vers la maison où on apprend à se tenir tranquille : l'école. Enclos délimité jalousement par l'odeur du buvard, de la gomme, des pleurs et du papier plus ou moins quadrillé selon les travaux, péninsule du savoir, temple de l'effroi où les règles s'écrasent sur des doigts repliés en cône pour la frappe, je m'y présentais armée d'un compas enfoui au fond de ma poche revolver afin de couper net à la menace. Ce jour-là, la salle de classe était très calme. Suspendue à un fil de corde, l'éponge se vidait goutte après goutte sur

31

une estrade qui s'amusait de mon ignorance en couinant bêtement. Le tableau happait la lumière électrique puis tombait à nos pieds tel le voile un peu raide d'une veuve récente. Plus d'un œil avait cherché la réponse dans ses veines et ses fissures, dans ses coups de craie rouges et blancs ; confondant la courbe avec la parallèle, le crochet avec la parenthèse, plus d'un cancre s'en était allé compter au piquet, les mains jointes et la nuque pliée. La frayeur emporte le théorème vers l'oubli, les souffleurs s'appliquent mais l'oreille est sournoise, elle déforme ou devient sourde. Au-dessus du radiateur, les dessins d'enfant se décollaient. Une mère et son petit courbaient l'échine, imploraient une punaise fuyante puis tombaient derrière les tuyaux obscurs d'un chauffage à deux robinets. Les tables avaient leur trou, une céramique au fond noir, un œil de cyclope dans lequel s'enfonçait sans vergogne la plume pour illustrer son savoir.

Je posai mes affaires, les moutons faisaient le dos rond pour retenir une dernière phrase. Les esprits s'énervent, les mots des autres ne sont pas fidèles à la mémoire. Je grimpai sur ma table et crachai en l'air pour obtenir un regard. Le molard fila droit au mur et se dispersa en filets transparents. J'avais dix ans et je ne savais rien, une corde avait fait son nœud entre mes jambes, quelque chose s'élargissait, je n'arrivais pas à le dire. Ceux de l'autre âge s'étreignaient, ils étaient toujours deux. Peut-être plus. Je commençai alors une danse du Diable, une de ces gigues qui me sont familières les temps de fièvre. Les mouvements sont saccadés, le refrain compte sur plusieurs mains pour être assuré. Bassin en avant, bras tendus, pieds sûrs et haleine du matin, je surplombai soudain la classe et ses objets. Les dos se redressèrent, la surprise fit la courte échelle à l'excitation. J'effectuai des petits tours circulaires avec mes épaules, le courant se déchargea plus bas, les hanches prirent le relais puis j'accélérai le tempo et les écoliers applaudirent. Nouvelle idole, point lumineux, fillette ailée, je risquai un entrechat puis pivotai sur mes genoux ; acrobate très enviée, je renversais les chaises, décapsulais les bouteilles d'encre et peignais ma révolte entre deux bulles d'air. Des branches noires filaient au-dessus des têtes affolées, un dessin visqueux glissait le long du tableau, la femme en habit d'os jouait avec l'interrupteur. On cognait les règles en fer, les lance-pierres sortaient des poches, dans le bas des ventres une envie soutenait l'euphorie.

Soudain, les murs de la classe se refermèrent sur moi. Entonnoir bouché par un pouce adulte, j'étais prise aux crocs du piège. Un clip de corne rouge agrippait mon oreille, m'obligeant à quitter le promontoire de la fête inhabituelle. Je m'affalais sur une jupe à carreaux et franges que stoppait une épingle à nourrice trop large pour être vraie. Une patte de cuir marquait la hanche gauche, des pinces aiguillaient les fronces de la ceinture, une couture en relief prolongeait la raie. Sous la jupe, brouillés par des fils, les motifs se lisaient à l'envers. Mes yeux remontèrent la silhouette comme un filet draguerait une étendue d'eau pour la pêche. Je retenais dans mes mailles un bouton animé par un jeu de nylon, un nœud en forme de fleur, une poche pleine de fibres, de points bruns et de granulés qui se révélaient au toucher, deux auréoles de sueur arrêtées à leurs extrémités par la crête d'un vieux coq. Le foulard noué à la sauvette laissait voir une drôle de branche qui se tordait dans la gorge, prête à bondir du seul orifice visible, une fente obscène retenant une miette échappée d'un petit déjeuner hâtif et négligé : la bouche. Une couche de gras coulait dans ses stries, une dartre la faisait se dédoubler. Zébrée, la colère lui donnera plus tard un air de fil de fer barbelé. Détentrice de l'ordre, la maîtresse me traîna jusqu'à l'estrade. Elle s'assit à son bureau, s'empara d'une règle aux mesures gravées dans le fer. Elle attendait, les paupières remontées par deux ridules de mécontentement. Les autres s'étaient tus, le vasistas de la classe, lui, en profitait pour se débarrasser des dernières gouttelettes d'excitation.

J'avais dix ans et emprisonnais quelques bribes de réconfort dans le bas de mon ventre. Je récitais, je comptais, je traçais, je soulignais, je gommais, je coloriais, mais je ne savais rien! mon existence tenait dans une boulette de papier, dans une carte d'écolière, dans un goûter, et un bout de pâte salissait mes doigts. Elle demanda. Je tendis ma paume. Elle la retourna. Les phalanges sont plus sensibles que les lignes de chance, d'amour et de vie. Elle avait posé sa main gauche sur le dernier carreau de sa jupe, des milliers de plis enfermaient ses souvenirs. Main fureteuse et caressante, où s'était-elle nichée pour la dernière fois? L'autre, plus rouge, plus grosse, plus travailleuse, menaçait l'air avant le coup. Mais je ne savais rien. J'interrompis alors sa course en plantant d'un geste sec mon compas dans la racine de ses doigts. Il tenait tout seul, prêt à dessiner une belle rosace sur les bourrelets de peau. La bouche avait perdu son éclat; sous ma nuque, un os s'amusait avec des épis.

Mise à l'index, je devais passer ma dernière année d'école dans la solitude et la condamnation. On m'avait privée de mes compas-planteurs, et je maudissais les auteurs du vol comme une princesse détroussée de ses parures les plus chères. Les mains collées aux dos, les genoux tournés vers le soleil, la mine maussade, je passais en revue la cour de récréation, crachant sur une blouse trop blanche, tendant ma cheville pour un croc-en-jambe fatal.

J'étais devenue le phare de la honte, le baromètre des frayeurs enfantines, mon aiguille pointait vers le cataclysme et la fureur; j'avais installé la peur entre les cordes vocales des petits écoliers, elle s'épanouissait sur une assise visqueuse qui lâchait des notes mourantes et insensées. J'en profitais pour rançonner mes victimes; très vite, mes poches devinrent les pôles les plus attractifs de tout l'établissement. Boules de gomme, fil de pêche, calots de plomb, toupies, noyaux d'abricot, gourmettes, médailles et mouchoirs brodés bouchonnaient en haut de mes cuisses telles des excroissances de plaisir. Parfois, la mort venait me rendre visite, elle escaladait la grille du lieu, encombrée d'un panier d'osier, d'une faux qui battait ses flancs ouverts au vent et de sa flûte indienne. Assise sur l'unique banc de la cour, elle me contait ses exploits, les jambes croisées à la manière d'une mondaine frétillant au-dessus d'une tasse de thé. Pour dissimuler les vilains creux de son crâne, elle arborait un scalp roux qu'un filet invisible retenait. Maniérée, elle se donnait un air d'amoureuse désenchantée et emportait dans son cabas un petit garçon qui toussait trop gras. On disait que je parlais toute seule. Moi, je souriais à une bouche sans haleine qui croquait des bouts de crayon sans mine. Nous jouions à l'élastique, à la corde à sauter, au chat perché; je riais de son manque de souplesse, elle déposait sur mon échine un courant d'air glacé.

C'était le début des beaux jours.

5.

L'enclos des morts s'agence en allées, en divisions et en sections. Le rien s'est constitué un labyrinthe intelligent, profitant des ombres ou de la lumière, gravitant autour des impasses ou des angles ouverts à l'infini, il crache du haut de son socle sa puissance et son infaillibilité. La flore, elle, endosse le rôle de point de repère. Des arbustes joufflus marquent le moment du pivot, des pins sans âge indiquent le chemin vers l'autre époque, plus ancienne, moins visitée, les pots allongés de capucines donnent le nom de saison, des couronnes et des rubans annoncent l'arrivée d'un nouvel hôte. La terre en rab profite à la semence, les graviers m'avertissent du bruit, la nature ordonnée participe au gardiennage des morts. Elle est là pour faire oublier, pour donner l'image plus ou moins nette du goût et de la dignité. Elle ne se renverse pas, elle ne se lit qu'à l'endroit. Les racines trempent dans l'humide et la pourriture, et un bouton éclate en forme de rose. On ne voit que la surface, la couleur et l'enchantement : le manteau d'une dépouille fumante. La tristesse se cache dans le coin d'un mouchoir, elle ne se crie pas, elle s'avale. Le chahut n'est pas de mise dans l'enclos des morts, on lit, on regarde, on épie, on se promène, on se recueille, les mouvements de désespoir sont comme les mouvements de fièvre, ils culminent la nuit puis vivotent dans un petit frisson le jour. On ne se débat pas avec l'idée de disparition devant les autres ! Combat perdu d'avance, on rumine la défaite en silence, puis la douce mélancolie atténue la révolte.

Ils font semblant d'accepter et quittent le jardin des croix avec la hâte de se vider, de se déshabiller, de montrer l'âme et le sexe presque. Les larmes ont besoin de solitude pour bien rouler, elles méprisent la communauté, la communauté les méprise et elles ne sortent que d'une seule gorge. C'est pour cela qu'elles sont amères.

À Noël, les petits enfants morts voient leur sépulture décorée. Des guirlandes, un ange joueur de harpe, des boules et une étoile s'accrochent aux branches d'un sapin miniature. À son pied, on a déposé des paquets qui ne seront jamais ouverts. La tombe se transforme en cheminée ou en botte géante, c'est selon ; elle attire l'œil novice, provoque l'étonnement, et la pluie défait les rubans des cadeaux soigneusement emballés. Ils guettent, ils attendent, ils espèrent, mais les boîtes de carton ne se percent qu'au contact du temps. Ils oublient alors, passent l'an et recommencent à fêter. Et les petites mains de lait restent sagement croisées sur une poitrine faite de terre, d'osselets et de poussière. Le printemps sauve la mise, c'est le moment des fleurs blanches que je dispose en taches de joie au-dessus des êtres étendus. Je meuble le plan de solitude, égaye le silence, je fleuris les tombes des corps enfantins tombés par erreur, un jour de gel, dans la fosse de l'éternité ; je dissimule l'indécence à l'aide de broussailles et de plantes grasses et je sème à tout vent des bêtes à bon Dieu et des trèfles à quatre feuilles.

Les mort-nés reposent dans un jardinet, j'ai inventé une crèche, un parc à jeux, une courette, un bac à terre où le coquelicot est à l'abri du vent ; aux rires imaginés, se superposent alors des cubes de granit poli, des vaisseaux immobiles pour des enfants de très petite taille. Voici mes murs, voici ma demeure, je vis dans le temple de la mort, proche des serrements de cœur et des regrets, une maisonnée à une seule fenêtre abrite mon lit, j'y entasse l'escabeau, la corde et le râteau. Je dors parmi les instruments de la mort et mon sommeil s'achève parfois au milieu du jardin des croix ; munie d'une lampe et d'un bâton de conduite, j'aime rêver entre les tombes, sous leurs secrets, dans leur odeur, et je me divise à mon tour en me sectionnant les nerfs de la lucidité. Le silence est encore plus menaçant lorsqu'il est entrecoupé par les râles d'un vieux chat qui n'arrive plus à copuler. Assailli par le souvenir du plaisir, il cherche tel le chacal et courbe le dos pour attirer la femelle. Mais sous son ventre, la chatte se moque de l'impuissance. Ivre d'envie, il marche en aveugle, se cogne la tête, tranche d'un coup de croc le calme de la nuit et je le ramasse à l'aube pour panser ses plaies. Où suis-je ? Là, une vivante parmi les vivants qui aime sonner la cloche de fermeture, ici une triste femme dont le langage est appauvri par le vide ambiant, plus loin une désaxée qui s'est entichée de la dernière expérience. Morbide n'est pas le mot. Erreur est la situation. J'ai choisi l'autre camp, celui des allongés. Plus de regard pour me juger, plus de voix pour ordonner.

Je n'aime pas le rire, je n'aime pas mon prochain, je n'aime pas les jeunes, je n'aime pas les vieux, je n'aime pas le discours, je n'aime que la situation d'extrême urgence, la gravité, ce doux moment teinté de mort où la fin sort ses griffes. Les pompes à oxygène s'activent, les lances à incendie crachotent puis crachent tant qu'elles peuvent, la sirène retentit pour une voie libre dans le passage, les réserves de vie se mettent en branle, les rivalités s'empoignent, le pouls ralentit, repart, s'arrête, le bouche-à-bouche est de mise, le sauvetage s'impose, l'aide s'appelle, les secours se font attendre et le noyé toussote avant de mourir ; l'avant-diagnostic, l'avant-décision, ce mince territoire qui profite à la fois de l'ombre et de la lumière, de l'espoir et de la défaite, le dernier rayon avant la disparition complète du soleil : le Rayon Vert. Je me tiens sur une cordelette qui relie la vie à la mort, acrobate peu sûre, je trouve mon équilibre dans le chagrin des autres, et, parfois, sortent d'une tombe un dernier souffle, une dernière histoire.

6.

Mon enfance fut solitaire et mélancolique. Je décidais de ne plus grandir. Ma nuque retenait l'odeur de la couveuse et du talc, ma taille défiait les règles de mesure, une voix sans timbre raclait ma gorge encore pleine de lait. Tous les matins, j'inspectais ma peau et ses parcelles les plus retranchées, maudissant un pli supplémentaire, une marque de mauvais sommeil ou une tache de naissance ressortie par erreur. Désobéissante, je la pinçais violemment pour qu'elle retrouve sa couleur d'antan : une moucheture rose et nacrée. Accord tacite entre ma colonne et moi, je ressemblais à un roseau des marais dont la courbure ne rompt pas ; les deux boules fibreuses qui poussent à coups d'énigmes et de ressentiments ne trouvèrent jamais place afin de s'exposer dans la fierté ; timides et peureuses, elles pointaient un moignon brun en guise de porte-parole puis se rétractaient, frigorifiées par mon acharnement quotidien. Mon torse avait l'allure d'une planche à battre la pâte et je faisais rouler mes paumes pour aplatir deux cônes qui hurlaient sous la peau. Je m'étalais sur les années comme on se vautre sur un sofa de luxure; les yeux fermés, l'esprit rassuré, j'enjambais les âges en toute sécurité. J'avais joué un mauvais tour au temps, qui frappait mes semblables sans pouvoir ricocher contre mes formes d'enfant. Je me moquais bien du chiffre maintenant, il pouvait se multiplier à souhait, embrasser ses compagnons numériques, moi j'avais signé pour l'éternité, associée de très près à une trancheuse de sort : la mort.

Méprisant le nouvel an, mon corps s'était arrêté de vivre au pas des heures. Je restais en suspens pour un temps. Un petit tas s'agitait en battant des bras, le nœud du ventre se déliait. Je me nourrissais à peine, vomissant chaque mets avalé, et retrouvais les saveurs d'autrefois dans un biscuit mouillé. Mes membres contenaient les gestes des histoires et mon cœur, selon un rythme ralenti, les ressuscitait dans un souffle de regrets jamais avoués. J'embrassais les instants d'oisiveté, l'innocence des étreintes, les contes et les berceuses, je reconnaissais mes héros, mes figures et mes jouets dans une ronde nostalgique puis me recroquevillais sous des rêves lointains : les songes bienheureux de la première nuit. Je ramenais le souvenir à l'aide d'un câble métallique tendu entre le présent et mon petit passé, passerelle un peu mince, elle faisait glisser un téléphérique miniature où j'avais entassé pêle-mêle mes personnages d'invention. Le véhicule de la mémoire assurait la navette, il se chargeait d'anecdotes de l'autre temps et les déposait dans le cadre de mon présent reconstruit. Je refaisais la vie, son cours et sa forme.

Les autres se démenaient pour vieillir grâce à de maudites machinations où l'artifice appelle désespérément la maturité dans un brin d'obscénité : une fillette rougit sa bouche, deux baguettes d'ivoire trébuchent sur des talons hauts ; moi, je fabriquais des pièges compliqués afin d'intimider l'avenir, ce lourd manteau aux coutures peu sûres. Je me sentis vite obligée de revêtir le masque de la tristesse pour éloigner l'amitié et les obligations qu'elle transporte : les bavardages de nuit et leurs fausses promesses. Je marmonnais dans mon chandail tel un vieux bouc, interrompais le discours et m'en allais parler aux murs de ma chambre, l'enclos des murmures du petit âge. Mon odeur de chèvre faisait fuir les plus peureux, un postillon bien composé glissait sur le visage des plus audacieux, énervée, je tournais autour de mon piquet, maudissant la levée du jour qui me dérobait Hier dans un Matin traître et incontournable ; je me recroquevillais alors au fond de l'instant, gênée par ses petites ramifications qui poussaient vers un futur toujours trop proche à mon goût.

Les choses devinrent mes fidèles compagnes. Elles se mouvaient ensemble, accordant leurs angles à leurs arrondis, elles remplaçaient la parole par un jeu de lumière savant et suppliaient mes mains pour une nouvelle couleur et un nouveau son. Je fuyais les amusements collectifs, les parties de ballon et de cache-cache, les attrape-nigauds et les accroche-cœurs, ces organisations éternelles où la panique et l'euphorie font sans cesse se toucher.

Le contact avec les petits mortels me répugnait, ils sentaient la faillite et la maladie contagieuse ; je niais l'effet de miroir en m'éloignant de ces oreilles pleines de cérumen, de ces peaux déjà froissées. Perchée bien au-dessus du fatras juvénile, je conversais avec la nature comme la première étoile qui ne mourrait pas.

Ma peau s'enticha d'une garde-robe informe et bâtarde. Sac de pommes de terre, toge asexuée, coton dilaté, ouate gondolée, pans larges, toile sèche, habits de travailleur, autant de sobriquets que d'images vraies. Le tissu ne collait pas, les manches et les revers du bas restaient saufs, inutile de défaire les coutures, mes membres furent fidèles à la première mesure, à la taille initiale, figurant sur l'étiquette du col, qui se retourne en traîtresse au moindre coup de blizzard. Je méprisais les armatures féminines, ces bonnets de résille dont le fil central relève vers le ciel un cône dénonciateur. Je jetais dans une poubelle d'immeuble mes robes à décolletés et leurs volants, popelines de vent qui laissent voir deux cuisses en train de se frotter lors de la marche. Vêtue de grandes chemises à grandes poches, j'avançais dans la vie comme un épouvantail décapité, un bambou sans creux ni forme qui balayait la rue et ses trottoirs. J'aimais ma ville, avec ses arcades peu sûres, ses voûtes anguleuses, ses échafaudages de fortune, sa lumière mourante, son quadrillage raté, ses impasses sales et ses coupe-gorge d'un soir, elle humait bon l'injustice et l'accident.

Il fallait la parcourir d'un pas rapide, l'œil toujours sur orbite, sinon un de ses habitants, une de ses pierres, une de ses tuiles, un de ses murs vous fauchaient sans prévenir. Parfois je lâchais ma cadence et me laissais bousculer, épuisée de lutter contre des menstrues de plus en plus menaçantes. L'âge travaillait de l'intérieur, invisible, il vieillissait cependant mes entrailles de plus en plus lentes à s'émouvoir. Mon cœur avait l'audace d'un adulte, mon esprit avait la fatigue d'un vieillard, mes cuisses sentaient l'amante, mon sexe portait le germe, un moule attendait impatiemment son sujet de porcelaine : santon d'une fête qui rôde au-dessus de nos têtes. Je me promenais sans plaisir, gênée par un réseau de coton dissimulé sous mon ventre ; des aiguilles hygiéniques obstruaient l'orifice : l'issue de secours pour une boule de sang lourde à porter.

Je me cambrais afin de la retenir et serrais les dents lorsqu'elle tambourinait pour se vider. Les années passèrent, et la fausse enfant recherchait le ventre de l'âge d'or, cette cave molle où la nourriture de l'autre descend vers le réfugié en stalactites généreuses. Funambule grotesque, j'avais tendu une corde entre deux trottoirs, et, par magie, les voitures s'arrêtaient net, très près d'un mollet qui ne voulait plus courir.

Je faisais partie des gens de mauvaise compagnie, ces bouts d'être sur lesquels on saute pieds joints pour les faire plier. Ma voix sourde annulait le dialogue, mon corps tenait dans un mouchoir de poche et mon âme, déjà viciée, ne sécrétait que des cauchemars et des mésaventures.

Oiseau de mauvais augure, graine avariée, joyeuse estropiée, je faisais la courte échelle à la mort lors de ses grands travaux. Efflanquée, ma jeunesse devait suivre son cours, n'ayant droit ni à la trêve ni à l'abandon. La femme en habit d'os avait fait de moi sa soubrette, propre et obéissante, je balayais les élans de bonté, les débuts de gaieté, j'immergeais dans un évier sale l'espoir, je lustrais l'horreur et enduisais de crème argentée les dépouilles encore chaudes. La réalité s'effaça alors devant l'imaginaire. J'occupais mes mains avec des pâtes venues d'ailleurs, je pétrissais les figures d'un doigt anormalement long, j'inventais des situations, des prologues et des épilogues fous. La ville devint mon champ de bataille privilégié, ma chambre le lieu de rassemblement de toutes les troupes. Je soufflais dans le clairon, réveillant des soldats sans plomb pour un affrontement sans adversaire. Main dans la main, je gambadais dans la campagne avec une amie sournoise : la mort. Et nos ricanements brisaient la tranquillité des pauvres gens. Une loupe s'était greffée au milieu de mes yeux, d'autres images les nourrissaient. L'invention avait dérobé ma vie de tous les jours, j'admirais les jeux qu'un nouvel esprit m'imposait. Je devinais derrière la pierre, dans le dos des autres, au-delà du temps ; l'image déformée s'était faufilée entre mes pensées et, du mur, surgissait une faune insoupçonnable. J'alimentais mes heures de solitude grâce à un loisir séduisant mais dangereux : l'illusion.

Je voyais des bêtes courir sur le visage de mes ennemis, des coléoptères voraces dont les lèvres minuscules dévoraient face et corps, je défiais les habitants, me battais contre le vent, je cassais les belles vitrines, traînais autour des cimetières, et je tatouais ma mémoire d'images de plus en plus cruelles, de plus en plus absurdes. Ma vie devint mensonge, j'avais évité le temps et grandissais en roue libre, écrasant au passage les inconvénients des nouveaux âges. Je perdis en chemin la notion du réel et trouvai des compagnons moins statiques que mes héros d'antan. Sous mes pieds, s'inaugurait une nouvelle scène avec son chapiteau ; un tapis de sable se déplaçait en même temps que des animaux tentaculaires, des cellules vertes gesticulaient sur une plaque, d'autres, noires et borgnes, se multipliaient sans amour, des bestioles pendues aux échelles de corde se balançaient entre des colonnettes d'air, des gradins se montaient sur pieds métalliques, un petit cirque avait déroulé ses bâches; maîtresse du spectacle, j'orchestrais le corps de musique, à mon signal, tambours et violons s'étranglaient, un sifflet à double voix s'accordait à un accordéon débridé. Une foire d'empoigne se dressait bien au-dessus de la réalité, et deux béquilles un peu folles s'enlaçaient pour une valse de nuit.

Drôles d'amis, les sujets sautillaient sur les meubles de ma demeure, trouaient le bois, les tissus mous et robustes, ils ciselaient le fer et cassaient du verre, ils se nichaient dans les pores de mes proches, dansaient sous le tube lumineux de la salle de bains, gigotaient entre les plis d'un drap froissé.

Visionnaire, j'étais l'unique détentrice du troisième œil, la sonde précieuse qui fait imaginer. J'avais choisi l'autre sens de la vie, la marche contraire, le pas à l'envers permettant de divaguer en pleine assemblée, de sentir ses jambes trembler sur un terrain plat, de marcher l'échine courbée pour murmurer à sa guise l'insulte ou le sort jeté. J'optais pour l'ombre et la lenteur, je revendiquais l'aparté et la différence; j'ignorais la rencontre et la caresse, mon corps avait pris pour

49

moule mes pensées. Je le faisais petit et frêle avec une tête insignifiante pour éviter un regard insistant. Il ne devait plus faire son âge. Les membres s'étaient tus, je simulais, je trompais, je passais entre les portes à demi fermées, glissais sous les armoires, me réfugiais dans le bas des placards et, la tête entre les cuisses, je roulais comme un calot dans un sac de billes bien ficelé.

7.

Aujourd'hui, j'ai perdu mon âge réel, je suis un paquet d'années ramassé dans l'habit et ma peau n'a pas gardé le souvenir des temps. Elle est lisse, blanche et vierge et ne se brise que de l'intérieur. J'entends son travail, je sens ses miettes dévaler le long des cartilages. Je suis tantôt une vieille femme qui a du mal à marcher, tantôt une adolescente attendant le sang pour ouvrir son sexe à l'étranger. Je ne connais pas l'autre peau, l'autre bouche, l'autre odeur, j'ai étouffé mon corps sous la couche de la dissimulation et seuls mes doigts pétrissent ses formes ; ils se reconnaissent dans les bourrelets, se rejoignent à la saillie d'un poignet, ils filent en étoile sur le cou, le long des veines, dans le battement que le cœur transmet. Avec un double miroir grossissant et une ampoule braquée, j'arrive à voir mon visage sans chair ; la mâchoire occupe tout le champ de l'image et dans le verre se projette le profil de mon futur squelette : une sculpture faite d'os et de dents. Je connais un peu l'intérieur de mon corps, l'arrière-gorge, le dessous de la peau quand on la coupe, la deuxième face du sexe, la poche de l'œil renversé ; je prends conscience de mon sang lors du déplacement, il monte puis descend à contre-courant le circuit des organes et plusieurs litres s'engouffrent dans un fatras de mille rameaux.

J'ai perdu aussi tous les symptômes de l'être en vie. Je me venge alors sur un chat en chaleur. Je l'empale sur un des barreaux de la grille et il pend au soleil telle la mascotte effrayante d'un jardin des morts. La vie est si fragile, le plaisir si personnel. Moi je me vautre sur la dalle quand les autres regrettent leurs morts.

Je regarde mon sexe. C'est un sexe d'enfant muni d'une mousseline supplémentaire recou-vrant ses soupirs ; et je trouve l'étreinte dans le rêve ou dans un ballet de deux jambes croisées. La vie ne me va plus très bien, trop lourde, elle se met en boule dans mon dos comme un chien épuisé d'avoir trop erré. La laisse pend dans le vide, le maître est perdu. Je promène ma bosse embarrassante devant des yeux fragiles, dans les lieux les plus incongrus, au moment le moins propice, ne trouvant jamais une place convenable pour la délaisser convenablement. Cambrée comme le corps de l'hippocampe, sèche comme la branche d'olivier, je suis écrasée par un poids sans mesure qui coupe mes reins, cisaille mes entrailles, claque des talons et diminue la grandeur de mes rares espoirs. Mal faite et à refaire, la Vie, ma vie, ne me va plus très bien, je suis un insecte épinglé aux murs du cachot dont les ailes ne frémissent que d'effroi et d'ennui, mes petites pattes courent dans l'air du temps sans que le temps lui-même m'accorde sa miséricorde. Bouchant chaque coin de l'espace, l'instant se manifeste dans une électrocution rapide aux effets secondaires indésirables.

Le passé s'attarde sur mon cas, il se retire pour mieux s'étirer et dévale sur mon corps déjà bien affaibli, à la dérive, j'avance sans repère, confondant facilement la mort avec la naissance, la bonté avec la destruction. Clouée dans le fossé de mon enfance, je suis le porte-parole de la femme en habit d'os, le fantôme de chair des années passées, la porteuse de faux et de couteaux et, les nerfs à vif, je me jette dans la gueule du loup : une nuit sur une dalle.

La journée, je marche à tâtons, les doigts écarquillés, le nez et l'intuition en avant, le corps abruti par la peur d'un choc encore plus brutal. Les personnages d'antan me racontent trop fort l'histoire, dressés sur mon lit, avec des gueules de noyés, ils entament des danses venues d'ailleurs et, ivre d'angoisses mêlées d'envies, je m'en vais, titubante, m'allonger sur leur lit glacé ; je boitille, je trébuche, je bégaie, je confonds, j'ânonne et je me casse le menton, les bouts arrondis ne s'encastrent plus dans les trous adéquats et il me vient, pêle-mêle, des décors monstrueux qui ne correspondent plus au dessin de la boîte d'emballage. Le puzzle est brisé.

Dieu est un mauvais tailleur, ses aiguilles se sont enchevêtrées dans mon costume et je supporte malgré moi la toge immonde qu'il m'a confectionnée. À l'aube, en chien de fusil, je me recroqueville dans le corps d'une méduse ; la poche gélatineuse se contracte puis se relâche comme si elle était animée de l'intérieur par une vulve électrique en mouvement.

Une ventouse affairée à la recherche d'un sang neuf pour une ivresse nouvelle ouvre sa bouche poilue et la coince entre la nuque et l'oreille pour susurrer l'horreur ; j'aimerais prendre un autre train, mon wagon n'avance guère, il s'égare en rase campagne et ne vibre qu'au frôlement d'un fourgon à grande vitesse qui va dans l'autre sens de la marche. Je parle telle une sauvée in extremis, les poumons encore pris par les eaux, la bouche explosée par la panique, les yeux blancs. La mort s'est taillé une part de rêve entre la chair et la peau, entre mon cœur et la raison, un habit de mailles s'est refermé sur moi, à travers les croisillons métalliques, des petites taches roses suffoquent. Je ne suis plus libre de mes gestes, retenue à jamais dans mon passé. Je me revois en Leçon de choses, fascinée par le bout de fil de fer qui retient les os du squelette ; fil conducteur, il s'encastrait parfaitement dans les formes de phosphore. Une fois la chair disparue, on a besoin du métal pour se tenir droit. Aujourd'hui, je suis semblable à cet ancien aux dents cariées, j'ai besoin d'un tuteur pour relier chacun de mes nerfs, une tige d'air pour que les membres respirent. Je suis emmaillotée comme un nouveau-né. Comme un vieux mort. Tiré du néant, le nourrisson hurle ; volé à la vie, le condamné se débat aussi.

8.

Un jour de printemps, alors que la nature se débarrassait de ses rêves d'hiver, une nouvelle compagnie s'engouffra dans ma chambre. Butinage frivole, réveil heureux, les insectes et les fleurs négociaient un échange bénéfique pour tous. Mélange de poudre et de sève, lancement de dards, trésors sortis d'une veine de pétale, pollen à ailes, étamines à l'affût, pistils et pédoncules s'activaient en ronde féconde. L'ère de la fonte propulsa un sujet égaré dans ma chambre. Emprisonné dans des volets à stries trop larges les matins de grande lumière, un oiseau se débattait entre le bois et le fer. Sous la peur, un cerne de peau recouvrait ses yeux. Plantée dans le bec, la langue noire se dressait comme une cuillère dans un pot de crème épaisse. Dehors, la caresse et la ponte faisaient bon commerce. On chargeait les étals de couleurs inédites, on humait la campagne et les verrues se transformaient en roses délicates. Les jardins avaient retrouvé leur vert d'antan et la montagne vomissait sur les villages des cadavres encore présentables. Les bouquets se vendaient sur le trottoir, les dernières feuilles mortes brûlaient sur la place publique, les sexes s'ouvraient pour la grande aventure. Une foire végétale se préparait, les visiteurs enjambaient les frontières, la vie se remettait à couler, impudique et débordante de joie, tandis qu'une boule de duvet brisait ses ailes devant moi. Deux pales en os raclaient le rebord de ma fenêtre. Deux pales en naufrage. Le ventre grondait au secours. Je le piquai d'un ongle. Puis il s'immobilisa. Le cou ramolli, l'envol oublié, les serres relâchées, il me lançait d'un trou noir une œillade de tristesse. J'ouvris alors le volet en prenant garde au battant coupant.

Misérable sac de plumes, voyageur aux pattes coupées, useur de corne et de chants, il travaillait des ailes sans pouvoir se détacher de ma paume. Je le déposai au milieu d'un foulard ouvert. Les deux couleurs tranchaient. Comme une bête sur la plaque de l'analyste. Un œil noir goba le tissu. Sous la plume, une mécanique haletait, terrifiante par sa taille atrophiée, et mes dents se souvenaient d'avoir croqué une aile cuite, d'avoir senti l'os, le témoin pauvre de la vie. D'un doigt novice, je fis l'inventaire des organes. Le côlon devait s'enrouler autour des autres entrailles, la colonne, elle, se montrait courbe, le ventre gonflait puis se relâchait ; tel le plongeur à la recherche d'air, il dosait. Et le cœur orchestrait le tout jusqu'à la tête qui hochait à son rythme. L'existence roulait sous mes doigts, une simple pression suffisait à la briser, à anéantir tous ces jours comptabilisés.

Au bout d'une heure, la langue de crête roula un air de vieille cantatrice, je pliai le foulard pour qu'il fît noir. Le sac de viande gigota, quelques râles claquèrent contre le bec fermé puis moururent dans un autre silence : le sommeil en plein jour.

Je cachai mon butin dans un tiroir à trous et ne le dépliai qu'à la nuit tombante. Là, tiré du rêve, l'oiseau fit quelques pas sur ma main, il griffait ma peau et picorait une graine imaginaire entre les fils de ma manche. J'étais sa branche, son doux pré, une surface moins bruyante que les câbles électriques, une cage grande ouverte, mouvante et biscornue.

Je le possédais entièrement, le faisant sauter sur mes genoux, il découvrait l'autre corps, plus long, plus membré. J'attrapai sa gorge comme les criminels étranglent la victime pour qu'elle se taise. Un réseau de cordes vibrait. Aucune note ne sortait. Sifflet muet ! J'avais coincé le chant d'une simple pression. Puis le bruit. Tout s'est très vite brisé et la tête s'est un peu détachée du corps. Parfois, la guillotine laisse quelques joints entre le tronc et le sommet. Du bec dur, du sang est sorti. Il a séché sur le duvet et la plume mûre.

L'œil ouvert malgré la mort, il semblait me supplier encore. Au coucher, je décidai de le nicher à l'extrémité de mon lit, sous les draps. Mes pieds pouvaient ainsi s'amuser avec le corps du faux porteur d'œufs. Je sentais son ventre, devinais le profil, je me piquais à son bec, la plante se coupait aux serres et le gros pouce défiait la tête du voleur. Dans la nuit, il remonta la jambe et plus loin encore. Je ne sais comment. Le lendemain, je vis une boule collée à ma cuisse. Parfois, après un envol brutal, du duvet s'accroche à l'air puis se dépose lentement sur une tête, dans les cheveux, sur le vêtement, là, ça restait collé à la peau, collé par le sang. C'est l'odeur, plus tard, qui alerta ma mère.

9.

Quand le passé s'active pour rattraper le présent en une accélération incontrôlable, traduite par à-coups et dissonance, l'important est de garder les yeux grands ouverts. Le procédé est simple, les pupilles écarquillées endiguent la folle émotion comme la barrière de sable et de cailloux arrête momentanément la première vague de la marée montante. Le détail fatal ne doit pas échapper. Maître de l'histoire, il en décide le ton et le rythme. Une fois éclairées, les vieilles années s'affolent puis culbutent au-delà de la vérité ; dans un brouhaha d'écolières à peine formées, elles prennent à pleine bouche le souvenir pour le modifier, le lacérer à coups de faux et d'exubérance et de secrets. La mémoire s'estompe ou s'élargit comme le trait initial du dessin ou le sexe de l'être qui accouche. L'étau se resserre, l'organe se dilate, le caillou fait un rond dans l'eau puis les ondes magiques plissent la surface de la mare dont les dessous restent inconnus à l'œil nu.

Je suis sûre de mon enfance. Elle croisait la mort à la manière d'une insolente. Elle s'impatientait. Je me souviens aussi des grandes classes avant l'événement. Je tissais dans un coin de rêverie des amours imaginaires, je baisais ma main en guise de bouche, je prenais mes doigts pour d'autres doigts, mes membres pour d'autres membres. Je courais sous les préaux comme une aveugle, me cognant contre les piliers de la honte. Les moqueries allaient vite, elles se déposaient au fond de mes oreilles et m'empêchaient de m'assoupir le soir.

J'avais peur de la lumière, la révélatrice de la faille et du défaut. Mes pantalons devinrent trop courts, les manches rétrécissaient, le ventre en colère ne cessait de gonfler. Épuisée de les retenir, je laissais les formes se montrer. Elles avaient poussé dans tous les sens. Le sein se détachait du torse, quelques veines mortes ondulaient sur la hanche, la peau se fit plus épaisse, vulgaire! Le sang courait dans l'organe et ne sortait que par giclées ridicules. Le petit âge m'avait fait faux bond, je rallumais son souvenir en me tenant voûtée, à la merci du ridicule.

Mon visage changea brusquement. Il avait troqué sa belle couleur pour un vieux teint. La tête supportait désormais le corps, elle contenait tous les rejets de l'être grandissant malgré lui. La morphologie était ramassée dans la face, dans ses nouvelles rides : marques de l'amertume, pattes d'oie, cernes en forme de poches, quadrillage de plis. Elle pesait lourd sur mes épaules! tête de loup au-dessus d'un corps raté, un corps de l'entre-deux-âges qui se retrousse devant l'humiliation, elle grossissait au rythme des larmes et du souci. Le front s'était fendu en une nuit et le cheveu maigre recouvrait pudiquement les mauvaises pensées. Je la posais sur deux oreillers, sinon elle tombait, lourde et capricieuse, pour me rappeler au désespoir. Le sang du sexe était monté à la tête comme un verre bu trop rapidement, il avait parcouru le corps d'un jet puissant puis s'était arrêté bien au-dessus du menton, croyant avoir trouvé la source.

Les joues en étaient gorgées, il battait dans la tempe, adorait la honte, seule façon pour lui de se montrer, il composait la face, passant par là, s'arrêtant ici, il se reposait dans un lit de couperose, à l'ombre d'un bouton charnu. Il y avait eu fuite. Le sexe s'était refermé sur deux traînées noires et épaisses. La tête commença alors à se détacher du corps, elle rêvait sans lui. Je le mettais de côté, le laissant se débattre entre des postures grotesques et des membres peu sûrs. Je me détachais aussi définitivement de la vie, laissant passer trop vite les années entre mes doigts écarquillés. J'étouffais avant l'heure dans le trou des morts, me protégeant de la lumière telle une grande malade en dernière phase. Les yeux qui frôlaient mon regard allaient se rincer à l'eau et au savon, on avait pris l'habitude d'interdire ma voix et mes pensées, d'anéantir mon souvenir. Ils me fuyaient et l'âme bavait sur la peau. Quel visage avait-elle cette faiseuse d'ennuis et de remords ? Combien de vices l'étranglaient ? Je voulais la voir, la toucher, la battre même pour me repentir. C'est ainsi que je décidais d'ouvrir ma face pour contempler son fond de tiroir, son animatrice enfouie derrière les veines, baignant dans le liquide et la mollesse. Une lame de rasoir attendait sur la tablette du lavabo. Un bout de mort sur une céramique brillante. Les carreaux pâles chantonnaient un air de fin. Le courage battait des mains. Je fis glisser la lame sur le visage. Elle s'arrêta au point le plus tendre.

Deux doigts pinçaient le renflement, elle tira un trait franc. Une mécanique robuste et défiante se dressait derrière la peau. Les fils du canevas se défaisaient, les dernières images enregistrées tombaient en miettes lumineuses sur le sol de la salle de bains. Mais le sang brouilla les rouages et je n'eus pas le temps de contempler. Le bref arrêt dans l'instant qui fait comprendre fut balayé par la douleur. Ce fut brusque et bouleversant. Puis, une cicatrice en forme de fermeture Éclair se referma sur le bout d'âme découvert. On me gronda. On me pansa. Cette nuit-là, la mort ne vint pas me voir.

10.

Je fréquentais l'église, seul lieu où le silence n'est pas inconvenant. Agenouillée au pied d'une ombre imaginaire, je baissais la tête par humilité puis baisais le sol pour l'humiliation. Je priais selon mes mots, mêlant la haine à l'amour, le regret à la vengeance, la tristesse à la jouissance. Ma voix retentissait dans ma bouche fermée puis me prenait tout entière, à bras-le-corps. Un corps de voix. Elle résonnait à l'intérieur de moi, elle poignardait mes cuisses, mon ventre, elle m'étreignait d'un aigu insupportable et claquait du talon pour le coup de tambour. La prière irriguait la cour du cœur, ligotait le muscle, piquait le sexe, et ma gorge lançait ses restes de sanglots en signe de capitulation. Mais la voix continuait à faire mal, elle lançait des pierres, griffait mes os avec des barbelés, et creusait la peau à l'aide d'épingles à grosses têtes. Je tapais d'un poing sec mon ventre suppliant. Oui, il suppliait. Il suppliait la femme aux yeux blancs penchée au-dessus d'un avorton, il suppliait l'archange coiffé d'or, il suppliait le martyr à la bouche tombante, il suppliait le Malin et sa fourche criminelle.

Les petites prières s'échappaient des bouches vieillies aux lèvres fatiguées d'avoir trop répété. Le murmure est harassant lorsqu'il se transforme en persuasion. Les femmes avaient couvert de mantilles sombres leurs épaules trop douces pour être nues. Elles avaient l'haleine blanche et les mains collées à force d'implorer. Les doigts s'étaient enlacés ; sous eux, un époux, un frère, un fils reposaient en paix.

Écrasée par les voûtes qui renfermaient jalousement tous les arcanes des pécheurs, j'admirais les vitraux de l'autre temps, humais le vieux bois et ses souvenirs et je surprenais un espoir ricocher contre un autre espoir. L'instant avait perdu ses mouvements, ici mouraient l'attente, l'impatience et le lendemain. Nous étions figés dans nos pensées, dans la pensée de Dieu, ou de l'autre, la voix des anges tombait d'un orgue hautement monté et la fumée des fidèles soutenait les litanies d'un jour maigre. Ma solitude avait trouvé refuge, là, elle ne démarquait pas, elle figurait simplement à côté des autres qui l'appelaient parfois à l'union par le biais d'un regard, d'un geste d'épaule, d'un mot dit bassement. J'étais trop petite pour pleurer ainsi et des solitaires inconnus fermaient leurs doigts saints sur ma tête sans âge, sur mes coudes meurtris. Les Pères se pressaient autour de l'autel, arrangeant une couronne de fleurs, remplissant le verre et l'obole. Les croyants signaient leur poitrine puis quittaient le lieu d'un petit pas, encore perdus dans le grand Sacré. Je restais jusqu'au dernier moment, jusqu'à la dernière lueur d'un cierge mourant. Le dos bossu, je retenais tous les mots qu'une voix muette propulsait hors des corps prieurs. J'attendais la nuit pour me confondre avec les ombres, je rêvais de moiteur et de terre, et le toussotement d'une sœur me forçait à quitter la maison pour rejoindre les hommes que le temps bouscule. Et je traînais dans la rue, telle une voleuse en fuite.

Ma ville était trouée en son milieu par un lac aux rives très éloignées les unes des autres. Œil poché, regard de cyclope, huître pleine ouverte au ciel, ses eaux étaient toujours noires et remuantes. Entourée de montagnes, l'étendue glacée grignotait la lumière et le souffle de la cité. Des animaux d'une autre époque forniquaient les jours de grande lune et les œufs remontaient du pochoir, semblables aux ampoules des miroirs de loge. La lagune était morose, seules les racines arrivaient à percer son secret. Elle partait de la rive et tissait en profondeur un canevas de corne. Le bois mouillé ressemble à la peau d'un serpent d'eau. Aucune maison ne tenait près du lac.

L'humidité craquelait les toits les plus solides, le roulis brouillait les plans les plus ingénieux, la tristesse happait l'heureux visage. Entre les roseaux, on pouvait voir des grenouilles à l'affût. Les taches vertes beuglaient les soirs de chaleur. Ça sentait l'urine chaude et la moiteur d'un sexe en éveil. Les remous du lac, eux, sentaient la mort. Une charogne jouait un air de flûte indienne au soleil. Le clapotis des eaux à demi stériles berçait l'insecte et on disait que le lac aspirait l'imprudent. Il l'entraînait dans une paille, à l'envers. Il retenait dans ses marécages l'histoire de la ville et de ses habitants. Il retenait aussi ma mémoire. Il diffusait la maladie. Je buvais dans son bol, lavais mes croûtes dans son sable.

Toile visqueuse et dangereuse, c'est ici que la femme en habit d'os prenait ses bains de joie ; c'est ici, les jours de colère, que je venais conter ma plainte. Le lac prenait mon souffle, je prenais sa respiration, j'avais inauguré une piste dans ses plantes trop grandes pour moi, là, je faisais glisser sur des rails imaginaires un chariot rempli de vœux et de ressentiments. Les mollets nus, la tunique remontée, je me trempais le ventre et priais. Petit corps malingre dans une crevasse d'eau, le lac avait eu pitié de moi. On disait que les morts se retrouvaient au-delà des montagnes, dans un plan de culture spécialement établi pour eux. Les citadins grimpaient le chemin noir, nourrissant leurs dernières heures d'une poignée de lactaires très amers.

Assise sur une pierre peu confortable, je regardais la montagne. Je regardais par-dessus, rêveuse et envieuse.

11.

Les visiteurs des tombes attendent la phrase, le réconfort, l'intérêt, la compassion, la peine. J'ouvre et je ferme la grille du jardin silencieux comme la détentrice d'une clé merveilleuse qui embellirait les maux et les défaites. Je dois sourire lorsqu'ils reprennent espoir, je dois mouiller mon regard quand l'accablement interdit la parole, je dois peser mon mot ou l'étouffer dans un silence imposé. Il est bon de se taire devant les bijoux de tristesse qui pendent au cou des malheureux du matin au coucher. Les visiteurs s'attardent à la grille pour la petite information; ils me touchent telle une sainte, me rejettent telle une lépreuse à clochettes, puis se vengent de mon mutisme en tramant des histoires dont je suis toujours l'héroïne. Le complot trouve sa place au fond des bistrots, aux banquets d'anniversaire et de mariage, dans les salons à tricoter, sous les voilettes des veuves bavardes. Assises sur les bancs du village, les vieilles caquettent par paquets de quatre. Serrées les unes contre les autres dans un fatras de sacs à main et de paniers à provisions, elles se tiennent courbées pour se transmettre le flambeau du discours, une main collée à la bouche pour assourdir leurs dires. Elles tissent l'anecdote avec le fil de la haine et de la médisance, la rumeur décomposée en petites pointes d'amertume virevolte au-dessus des bancs du village et s'immobilise dans l'air à mon passage. Elles tournent alors la tête, signent leur front et me donnent l'image d'un dos sans cou, enveloppé de dentelles noires, prolongé par des jambes batteuses d'air et de ragots.

Puis le bourdonnement reprend, mêlant la souffrance à des sermons terribles qui donnent libre cours à l'accusation; on me désigne de l'index, on change de trottoir et de crémerie, on s'essuie discrètement les doigts après m'avoir saluée. Est-ce à cause de la terre enfouie sous mes ongles ou de l'odeur du rien qui suinte sur moi?

Par amour de la durée, les vieilles m'évitent, me repoussent et m'accusent. Un seul regard, un seul frôlement et elles sentent les veines du cœur éclater. Elles me croient porteuse de tumeurs, d'arrêt de souffle, de poison et de mauvais sang, elles me croient éleveuse de poux et de rats, de serpents et de punaises. Elles parlent de messes noires, de funérailles joyeuses, de sacrifices de nuit, de sorts et de danses sataniques; avec mes faux airs de fille de la campagne, elles disent que j'égorge brebis et moutons, renards et mulots et que je garde plus d'un sabot malade au fond de mon lit ; elles disent que je parle avec les morts sur une couche pleine de sang. Les défunts m'offrent un repos à demi éveillé dans le lit sacré des dormeurs éternels. Je traverse la pierre, creuse la terre, j'arrache les gravats séparateurs et j'empoigne des corps abîmés par l'inertie. Quelques os, un reste de chair tatouent mon esprit, et, guidées par l'imagination, mes mains caressent les anciens hommes aux rires enfermés dans un coffret de sapin aux poignées d'or, voilà tout !

Maudite parmi les maudits, le sol s'effiloche sous mes pieds, les trottoirs se montrent plus hauts à enjamber, la pluie me pénètre, le soleil cloque ma peau les jours d'hiver, la bourrasque m'emporte.

Les chats sortent leurs griffes quand j'arrose la dalle desséchée par les sanglots des prieurs, les poules apeurées délaissent leurs plumes pour s'enfuir plus vite, les chiens baissent la queue, les rats rentrent leurs dents et le glas retentit. La terre gondole, je m'accroche aux branches pour éviter les cratères qu'elle me propose, je cache les couteaux et les lames, je vomis mon envie de mourir et sectionne mes tympans avec le rasoir de l'indifférence. Les visiteurs du soir quémandent à ma porte, la femme en habit d'os me propose la hache, le temps étire ses secondes. Je suis le symbole de chair de la crainte des êtres, à moitié morte par mes occupations, je rugis de vitalité par ma simple présence. Me voilà transformée en pilier du néant et une odeur de pourri a imprégné ma peau et ses vêtements. Et ils disent que je peins des traits noirs sur des vies pleines de couleurs !

Les amoureuses de Dieu, elles, m'acceptent. Une fois le signe de croix accompli, on a le droit de converser avec l'erreur. Ficelées dans des robes bleu nuit, elles sautillent entre les tombes grâce à des sandalettes de cuir qui glissent en silence sur le socle des habitacles de recueillement. Petites têtes de fouines rieuses aux yeux très mobiles qui s'activent derrière des lunettes à triple foyer, les sœurs, toujours bonnes, ne se dispersent jamais hors du cortège que Dieu a soudé par un long chapelet de perles de bois. Elles marmonnent quelques prières à mon égard, et, en tant que gardienne des horizontaux, je bénéficie de leur grande miséricorde. Les voilà, mes petites grappes de raisin un peu desséché qui ne se transformeront jamais en vin !

Petites amies étranges qui se donnent la main pour adorer l'Unique en chœur ! Un cordon tressé serre bien le ventre des élues pour montrer que l'amour se dispense du corps, même en étant largement distribué. Gazelles ignorant la volupté, j'aime tant les voir s'effacer derrière le rose d'une fin d'été ; elles s'en vont prier dans un cloître sans clé et s'endorment pour un sommeil entrecoupé de rêves sacrés qu'elles croquent en secret sur des planchettes sans cadre : les images de leur chemin de croix.

Trop tard pour m'inscrire à la pieuse retraite. J'ai emmagasiné trop d'horreurs, fumé trop de vices, fait trop de faux pas. Les voies du repentir me sont définitivement fermées, la table rase ne s'inscrit pas dans mes projets à venir. Est-ce ma faute si la femme en habit d'os m'a désignée afin d'assurer la garde de ses victimes ? Je donne un peu de plaisir aux disparus, voilà tout ! Si je m'attarde sur les lits de pierre, ce n'est pas par goût du tragique, mais par conscience de mon inutilité. Qui a le droit de me juger ? Dieu peut-être ? J'ai fréquenté ces maisons où les bougies catapultent dans un souffle de soufre l'espoir, je me suis baissée pour prier le long des autels fleuris, j'ai compté et recompté les dentelles du drap sacré, j'ai levé les bras vers la sublime Madone pour le pardon, j'ai essayé de calmer mes aspirations néfastes, oh oui ! j'ai pleuré des heures et des heures durant, changeant chaque jour de figures de saints pour me guérir !

J'ai usé mes vêtements sur les tabourets du confessionnal, j'ai humecté avec mon pouce et mon index des milliers de pages papier bible, j'ai réappris à me tenir digne, j'ai visité les cloîtres les plus éloignés, j'ai baisé les mains des petites sœurs, je me suis collée contre le corps du Crucifié, j'ai mouillé mon front avec son sang, j'ai digéré plus d'un bout de ses entrailles, j'ai voulu aimer mon prochain, j'ai retenu les vertus cardinales, je suis restée bien droite devant les fresques bénites, je me suis endormie les bras en croix, croyant qu'une nuit d'osmose avec le grand Autre me déchargerait de mes funestes obligations; j'ai propagé la bonne parole, j'ai dévalé et remonté les routes escarpées du pèlerinage, je me suis aidée d'un bâton pour porter ma lourde peine, j'ai maudit les impies, je suis partie en croisade, j'ai lu l'Histoire et j'ai cru voir!

Qu'ai-je eu en retour? Mon image superposée à celle d'une femme à demi chauve. Dans un miroir de poche, elle ricanait à mes dépens, et je sus que rien ne pourrait la retenir. Je me suis alors jetée sous les automobiles pour connaître le dernier instant, j'ai frôlé les aiguilles, les pointes, les haches et les crochets de boucher, je me suis penchée dans le vide, j'ai enfoui ma tête dans les sacs de plastique, j'ai respiré les gaz, j'ai baissé les vitres des trains et des engins à très grande vitesse, j'ai englouti le poison, j'ai brisé à coups de pierre le crâne des crapauds, j'ai épinglé des criquets aux murs de ma chambre, j'ai scié les freins, j'ai augmenté la pression, j'ai poussé les uns dans le corps des autres, j'ai fait des amours des amours perdues, j'ai répandu la mauvaise ambiance, j'ai défait le calme, sali le sublime et j'ai craché sur la traîne d'une mariée vierge.

12.

L'événement eut lieu dans les eaux noires du lac de la ville. Juchée sur un socle d'argent, la proie avait le visage de l'insouciance. Elle happait toute la lumière, la lumière de la dernière année de lycée. J'avais enfin trouvé. La tête de Turc, la cible rêvée, le souffre-douleur, la victime, Ma victime. La cruauté avait choisi sa décharge, et, d'un doigt bien tendu, elle désignait ce corps épais : le corps d'Ada. Cheveux gras, gorge cerclée comme l'esclave, seins aux veines vertigineuses, elle abandonnait d'un geste las une odeur de camphre et de maturité ; le parfum se déposait sur les bancs du lycée, sur la chaise de classe, sur la pelouse de la cour, sur ma joue lors du salut. Engoncée dans des formes venues trop vite, Ada la rêveuse s'asseyait en tailleur, une main posée sur le sexe, l'ennui sautillant entre les ridules de la lèvre ; elle avait le mollet fort, moucheté de points rouges et roses, et on pouvait voir sous l'aisselle des ronds d'eau scintiller sur un écrin naturel. Je vins m'ajouter à ses songes à la manière d'une boulette maligne sur une âme saine et réservée. Ada l'insouciante, Ada la Vie ! La vie que j'avais délaissée lors d'une nuit sans sommeil où la peur de grandir gomme à jamais le projet. J'étais tassée dans un petit corps et mes cris, désormais trop faibles, ne pouvaient traverser le drap. À force de la retenir dans ma bouche, j'avais brisé ma voix, piétiné son timbre et je remplaçais le son d'antan par un aigu consternant. Le son venait d'un puits, noyé par des eaux vieilles, il s'accrochait aux pierres et s'effondrait dans un éboulis de vase et de poudreuse. J'avais atteint l'âge adulte, mais mes formes n'étaient que l'esquisse de la forme, le très pâle coup de crayon avant la couleur.

Ada ne parlait pas, elle riait. Elle disait avec son corps, avec son ventre. Un coffre énorme ouvrait ses portes et des roulements de langue et de gorge bousculaient le sens de la phrase. Elle disait oui de la tête, non des épaules, puis basculait de gauche à droite grâce aux jambes qui assuraient le relais. Elle tournait autour du mot, pestait contre la difficulté de dire, cherchait le cœur de l'histoire en s'abandonnant dans un rire obscène. On voyait la gorge striée, le palais en alcôve, le fil de la langue tendu comme la corde de l'arc, le déchaussement des dents trop longues ; on voyait un reste de peine et la naissance d'une envie, obsédante et charnelle. Elle portait des robes tachées ; par transparence, son torse se donnait en spectacle, tantôt mou, tantôt dressé comme s'il reposait sur le lit de l'amour dont on a repoussé les draps pour avoir moins chaud. Elle ne se rendait pas compte et comptait encore sur ses doigts, le nombre jouait avec des paumes moites et impatientes, le nombre de mois, de jours et d'heures qui nous séparaient de la fin du lycée.

Langoureuse Ada, elle se déplaçait dans le sens du vent, moi je la suivais à trois pas d'écart, peut-être quatre, tel un chien tenu par une laisse extensible. Je m'approchais de son corps dans un moment de silence puis reculais, abasourdie par ses quintes de rire. Je revenais à l'assaut, fascinée par cette fille aux grands airs de godiche, ivre de sa mauvaise odeur et de son mauvais goût.

Ada avait le membre épais, le poil dru et le souffle lent. Elle devait dormir nue, un oreiller tenant à peine sur son ventre exigeant, une moustiquaire mitée au-dessus de la tête, posée là comme une petite tente sur un groupe de louveteaux très excités. Elle buvait de l'huile dans une bouteille en plastique, avalait des sardines, rotait son lait, suçait un coin de mouchoir et grattait sa tête d'où tombaient quelques flocons de neige sèche. Elle attrapait ses hanches à pleines mains, les ongles sales parcouraient la robe et glissaient sous une bretelle lâche. J'entendais la corne se battre contre la chair. Prise de démangeaisons étranges, Ada, malgré son poids, arrivait à agacer ses omoplates d'un auriculaire gaillard et bienheureux. Dans son dos, de franches traînées rouges brisaient le cours de la peau.

Repoussoir de l'établissement, Ada déjeunait seule sur la pelouse, les genoux ouverts à l'air, le dos courbé pour mieux engloutir un ragoût rance et généreux. Assise non loin, je l'épiais et attrapais les bandes lumineuses que renvoyaient ses canines. Elle riait dans son mouchoir, jusqu'aux larmes, puis scrutait la grille et son mur, enjambait d'un regard la clôture et partait au-delà de nous, au-delà de moi.

À qui pensait-elle ? Où ses rêves allaient-ils mourir ?

Dieu l'observait d'un air sévère, moi, je broyais dans ma main un petit lézard délaissé par sa mère. Il ne se débattait pas. Pris au piège, l'animal halète et attend. La peau d'écailles éclatait d'un simple pinçon, le sang froid courait sur les phalanges, séchait dans les plis, sur le croissant de lune de mes ongles. J'étais à demi vernie, comme j'étais à demi femme.

Tapie dans ses ombres, j'ai attendu Ada pendant plusieurs mois. Je me tenais à distance raisonnable entre la poursuite discrète et l'indifférence et préparais le complot en tricotant un filet aux mailles sûres. Elle était Ma victime, personne ne devait me la ravir. Je bousculais les

curieux, repoussais les tentatives de connais-
sance, les esquisses de liens ou d'amitiés loin-
taines; j'étais une digue de ciment qui retenait
Ada dans sa solitude. Je traquais la proie le jour,
réfléchissais à elle la nuit, attendant le meilleur
instant, cette brèche dans le temps qui permet de
capturer le sujet, de ravir la parole, d'anéantir la
méfiance et d'opérer à tête vive.

Un jour de pluie, alors que les élèves s'abri-
taient sous le préau sale et glissant, j'attrapai Ada.
Pressés par l'eau et la bourrasque, amusés ou
humiliés, les petits êtres frottaient leurs paumes
contre un nez coulant. Les pantalons bouchonnaient, les robes se plaquaient aux hanches et, sur
le corps des filles, naissait le collage de deux
peaux : l'une faite de grains plus ou moins bruns,
l'autre faite d'eau, de coton et de volants pliés.
L'averse frappait le sol à cadence accélérée, la
boue défigurait la pelouse de la cour, nos cœurs
s'étaient transformés en toits d'ardoise sur lesquels s'écrasaient de longues aiguillettes d'eau.

Je pinçais mes narines afin de chasser l'odeur
de laine mouillée, d'haleines sèches et de peaux
trempées, un mélange de parfum tourné et
d'algues marines s'était emparé de nos habits.
Certains arrivaient encore à transpirer, d'autres
se laissaient déporter par les rafales puis trébu-
chaient contre des pieds transis, des bornes sou-
dainement immobiles qui hésitaient entre la
course et l'attente. Derrière les grilles, on devinait

la glissade des voitures, l'effroi des marcheurs, l'étouffement des gouttières. Ma tête avait perdu le contrôle du bruit et elle butait contre des paquets de cris et de corps mélangés. Au loin, les éclairs craquaient un bout du ciel pour aggraver la tourmente. Le désordre s'était définitivement imposé dans le quartier du préau. J'ai alors entendu Ada. Le rire s'est faufilé entre les mains levées à la manière des chapeaux chinois, il a traversé le lieu, aussi rapide qu'un oiseau de proie, griffant les chevelures, frôlant la peau, il est passé bien au-dessus de nous puis s'est posé sur mon épaule. D'un geste de serre, il étreignait mon cœur.

J'ai empoigné la mèche de rire, remonté sa trajectoire et je me suis lancée dans la fente d'un corps couché aux dents largement sorties. Ada était tombée de tout son poids, de tout son rire. Elle se vautrait dans les traces de pas brouillés, à demi nue, sur le carrelage plein de pieds. Sa robe était relevée. Les autres regardaient. Moi je n'ai vu que la gorge animée par une boule d'où le rire puisait son élan. Je tendais alors ma main en signe d'aide.

Ada aux rires voraces! Elle humait bon l'inconscience et l'accident, gauche, toujours incertaine dans son mouvement, elle avait pris l'habitude de marcher près de moi, en respectant deux mains d'écart qui se balançaient chacune de leur côté sans jamais se toucher. L'avorton et la géante, la pitié et le rire, le fléau et son valet débridaient la cruauté; délivrée de ses rênes, les mors à l'air, elle tournoyait telle une toupie blessante sur les formes d'Ada.

Effrayée par la solitude, elle revenait toujours vers moi. Oui, elle avait besoin de moi, besoin des ongles enfoncés dans la chair, besoin du cri et de la réprimande. Je lui appris à afficher la honte en conservant un reste de fierté, l'humiliation, en brandissant le glaive de l'insolence. Je l'entraînais dans les rues noires, la faisais s'accroupir pour me saluer, je la ligotais avec de la ficelle, je punaisais sa chaise, déchirais ses cahiers, la poussais dans l'escalier, je la faisais rougir et pleurer, l'obligeant à uriner dans le seau du tableau, je la faisais courir à coups de cailloux et, d'une tape sèche, je stoppais ses larmes. Et le rire recommençait, nerveux, strident, semblable à un cri de désespoir qui s'est trompé de voix pour se faire entendre. J'exigeais d'elle le moindre détail, une odeur, une tache sur les plis de sa robe, une rougeur de peau, une envie de vomir ou une frayeur. Ada n'avait que moi, la méchante petite fille aux doigts pleins de sang.

Ada roulait sur le sol comme une traînée très habituée, elle riait la gorge ouverte, le poitrail en feu, étouffée par ses envies et son odeur de maturité. À ses yeux, je n'étais qu'une enfant. Pourtant, la dernière année de lycée s'était écoulée et la grille se refermait sur les petites promesses indisciplinées. L'été arriva vite, porté par le vent tiède et ses spirales de sable. Je tachais mes draps de sueur et découvrais mon corps. Des perles de lait scintillaient encore sur les attaches. Je dormais avec un gant de toilette posé sur le front pour refroidir les flambées de cauchemar, il glissait le long des membres, s'accrochant au nombril tel un nénuphar mort mais encore gorgé d'eau.

J'imaginais le sang d'Ada dans la moiteur, l'odeur de camphre au soleil, les bourrelets de peau coulant au grand jour.

La ville se vidait peu à peu et les ronces des fleurs griffaient les marcheurs. Seul le lac avait conservé sa fraîcheur, les premières couches d'eau ne résistaient pas au soleil, mais, si on allait plus au fond, on sentait sur les cuisses une algue grimpante décharger son souffle froid, des dizaines de petits courants prenaient alors le relais, portés soucieusement par des poissons pilotes

J'emmenais Ada au lac. Elle découvrait mon chemin secret dissimulé par un fouillis de branchages. Elle avait coincé sa robe bien au-dessus des hanches à l'aide d'un nœud fait des deux pans rassemblés.

Les cuisses s'étaient transformées en coussins moelleux pour des épines à l'affût. Suante, Ada rejetait en arrière sa toque de cheveux trop chaude pour cet été-là. Un morceau de couenne s'avançait vers l'eau, trébuchant sur les pierres, entre les roseaux hauts. Nous étions deux conquérantes silencieuses, tranchant l'air et les herbes avec le courage des orgueilleux. Les animaux s'étaient tus, on entendait juste la soufflerie de la chaleur, le bruit des gouttes de sueur qui roulent sous l'aisselle. Nous nous sommes assises au bord de l'eau, contemplant le trou noir de la ville, son sexe d'antan dont les remous se cachaient à présent. Nous regardions les eaux et leurs petits ronds, des esquisses de tourbillons embryonnaires qu'une mouche pondeuse animait. Nous jetions des galets contre le calme et la platitude de l'étendue ; très vite, le caillou sombrait, laissant derrière lui le simple souvenir du jet, du vol et du choc. Ada laissait pendre ses bras entre le mince couloir des cuisses repliées. Elle ne riait plus, elle regardait l'eau et je devinais son fond où reposaient peut-être les toits d'un village englouti. L'eau retenait sa mémoire, jalouse de son passé, elle ne montrait que la dentelle de sa tunique : un bord brouillé par des algues et du gravier.

Ada s'est approchée de la rive. Deux plis marquaient son postérieur. En équilibre sur une pierre, elle se baissait pour happer la fraîcheur du lac qu'elle transportait jusqu'à son cou.

Elle avait fermé les yeux et lâchait des petits cris de plaisir qui parcouraient la peau entière. J'ai poussé Ada. Le lac a rugi et les animaux se sont mis à chanter. Elle s'est débattue avec l'eau pendant un temps, me lançant un drôle de regard furieux, et je ne l'ai plus vue. Le lac prenait Ada comme il avait pris mes songes d'enfant. La tête est ressortie, très agitée, et, entre les bulles, un cri pointait. Il n'avait pas le ton de la voix d'Ada, plus désespéré sans doute. L'alerte, l'alarme, l'appel au secours. Un pinçon s'est emparé de mon sexe. Le visage hors de l'eau, Ada suppliait puis perdait le fil, gênée par les remous, elle redescendait alors vers le fond très noir du lac. Elle s'est ensuite retournée en position de poisson mort, la robe gonflée telle une toile de parachute, le ventre crevé telle une chambre à air. La femme en habit d'os a alors plongé pour appuyer sur le corps. En surface, un dessin de mousse marquait l'endroit puis se dispersait, agité par l'aiguille d'un insecte flotteur. Le décolleté d'Ada nageait au loin, séparé de la gorge rieuse aux taches de marbre. Je suis rentrée chez moi, avec un nouveau rire dans la bouche.

13.

Tôt ce matin, ils sont arrivés en cortège, les bras en travers du torse, tels des porteurs de croix, les jambes serrées assurant la marche lente de la mort, avec un fil de soie tendu entre les corps pour les tenir groupés. Ils traversent le jardin à petits pas, dans la cadence de circonstance, imitant une colonie de fourmis noires et besogneuses. Les plus robustes transportent au-dessus des têtes le coffret brillant où repose un jeune défunt qu'on a toiletté avant de l'y enfermer. Les poignées d'or sont solidement plantées dans le meuble de sapin, la croix de fer est soudée à l'horizontale et retient dans ses branches une couronne de fleurs blanches. J'imagine la nuque posée sur un coussin, le visage en lame cerclé de boucles, le genou à plat, la pomme d'Adam immobile, les doigts encastrés, le menton déjà piqué d'une légère barbe, fraîche et nouvelle. Ils prennent garde de ne pas trop le bousculer. Les mains sont fortes, l'épaule est plus sûre que d'habitude, comme si un choc pouvait encore se sentir, là, dans le coffret clos, prêt à s'enfoncer dans le sol du jardin des morts.

On a enfermé le geste et la voix dans un vaisseau d'éternité qui vole au-dessus des promeneurs funèbres tel le bagage sacré de quelques nomades égarés. La caravane parcourt le cimetière, butant parfois contre une carcasse imaginaire, s'arrêtant devant un feu follet, se cassant la nuque à coups de sanglots et de désespoir. Les enfants, travestis en veufs, ferment la marche. Ils suivent la traîne invisible d'une mariée absente. Ils se sont peut-être trompés de fête.

Les bras de lait accrochent les feuilles, frôlent la pierre, jouent du coude pour tenir le dos droit ; ils murmurent la question puis mâchent en silence un morceau de rire, un bout de nerf qu'il faut absolument avaler avant l'éclat. Certains se tiennent par la main et fixent les jeux de pieds sur le sol, d'autres, émerveillés, contemplent le champ de croix, ses abris mortuaires, sa chapelle, ses tiroirs de cendres. Ils guettent l'ombre et le bruit puis chargent leur mémoire de frayeurs à venir. Sous eux, une famille d'os se débat avec la terre : un dernier sursaut dans l'éboulis, avant la défaite et l'oubli. Mais les enfants ne savent pas, la mort est pour eux une drôle de fête qui mêle le noir aux bijoux de jade, l'étonnement à l'épouvante d'un conte de fantômes, le Requiem a un toussotement qu'on bloque dans la gorge pour ne pas blesser la femme en tête dont les épaules sont trop faibles pour supporter le corps de son fils mort. Ils n'ont pas encore le sens du Rien, juste une idée de disparition momentanée : l'enlèvement avec rançon d'un visage familier. Bien sûr qu'il reviendra le farceur aux mains de porcelaine qui caressaient les chevelures des petits gardes de la marche funèbre ! Ils déchiffrent les vieux noms fondus dans du vieux marbre, font rouler une marguerite entre leurs doigts, ils chapardent un angelot séparé de sa décoration et jettent une poignée de terre sur le caisson comme on se débarrasse d'une ordure encombrante.

Ils ne savent pas que les mottes de terre rassemblées recouvriront à jamais le corps du jeune homme. Ils préparent son lit, sa couverture et son repos. Ils copient sur leur père. Et débute alors une pantomime d'amateurs, à l'histoire et aux gestes incertains ; on mime la tristesse, on s'invente un sanglot, on dérobe un reste de désespoir tombé d'une bouche ouverte par excédent de maux. Écrasés par le sacré, les enfants voient la mort avec l'œil du poète : un repos d'une heure dans les fleurs du Paradis, un soupir prolongé par le chant d'une voix hautement perchée sur un nuage solide. Ils ne pensent pas au corps muet, à l'absence de geste, à la brûlure de la terre, à la peau refroidie, aux yeux clos par une main amoureuse, aux doigts pliés sur une poitrine immobile ; ils ne pensent pas au sang qui remonte parfois à la tête lors d'un déplacement brusque. Ils suivent simplement la vie, la vie qui pleure ses morts.

Les prieurs se tiennent en arc de cercle autour de la fosse fraîchement creusée. Sous mes ongles, des granulés marron se concertent pour repousser la corne. Ils ont déposé le meuble de sapin dans le trou grâce à un système de cordes et de poulis dont le grincement rappelle à tous celui de la Charrette Fantôme. Le cercueil est tombé dans sa couche avec le bruit insupportable de la chute en avant, un glissement dans le rien qui signale en symbole la fin de l'acte : l'arrêt du temps réel, le commencement du temps des souvenirs.

La voix était claire, un peu hautaine, l'odeur avait puisé ses essences dans le jasmin et la délicatesse, les yeux avaient l'iris net, toujours prêt à trancher entre l'ombre et la précision, la silhouette en marche avait l'air de se détacher du monde, comme soutenue par les mains de Dieu. Le Père commence le discours. Il raconte l'histoire du jeune homme mort avec le timbre des voix qui sortent du haut-parleur pour informer les voyageurs. Il s'arrête parfois, souffle, puis reprend le chemin de la bonté et de l'amour du prochain. Il essaie de donner un nom pieux à chaque souvenir, à chaque larme qu'il remarque. Les prieurs, si loin des phrases, sont perdus dans un autre instant où le mot n'a plus de place pour s'asseoir. C'est le sentiment qui ravit alors le

propos, le baiser d'une bouche, l'étreinte maladroite, le bruit des pas dans l'escalier. Le Père est
habillé d'or et de broderies, on ne distingue pas
son vêtement, juste une couche de fils et de plis
tenue de haut par un col dur. Il signe l'air en
même temps que les hôtes de la cérémonie, et une
croix faite de gestes et de foi reste en suspens
au-dessus du trou ouvert. Il parle au nom du
Seigneur et les enfants croient entendre le Seigneur. Pour eux, il aura définitivement la voix et
le visage d'un vieux Père vêtu d'or qui scande le
bon pour chasser le rien. Ils retrouveront alors la
voix dans un hall de gare, quand le départ a un
avant-goût de mort.

Tour à tour, les prieurs déposent un brin de
respect sur le bois qui prend tout le soleil de la
journée. Une rose, une poignée de terre, quelques gouttes d'eau sacrée se mélangent sur le
meuble avec l'élégance des condiments très précieux d'un goûter de prince qu'on aurait disposé
sur une planche lisse et brillante. Après un léger
pivot, ils regagnent leur place tels des automates
en représentation. Le demi-cercle se reforme, la
lumière baisse. Les mains nues, croisées sur le
ventre, attrapent le froid de la terre du jardin des
morts. Les doigts rougissent, craquellent et, dans
leurs plis, se préparent les niches douloureuses
des gerçures à venir. Un frisson saute de corps en
corps. Mélange de peur, de tristesse et de froid, il

se transmet aussi vite qu'un malaise viral puis foudroie les enfants tenus en retrait par négligence, par oubli, ou simplement par souci de bien faire. Une voilette faite de croisillons et de résille s'accroche à un index et découvre deux joues adipeuses sur lesquelles roulent à toute vitesse des flots moroses : les larmes d'une mère. Le visage occupe toute la surface du cimetière qui ne respire maintenant que par ses pores. La peau de la femme glisse sur les hôtes, plantés dans un arc de cercle pitoyable. Elle tend un poignet à moitié mort, prolongé par une main ridicule par rapport au coffre du corps. Le ballet des automates se met en branle. Le bras tendu vers le membre à saisir, ils circulent lentement dans un ordre secrètement consenti. Ils secouent la main, les pleurs sont faciles ou capricieux et un château de terre s'écroule sur un corps de jeune homme.

Non loin de là, des fillettes s'entraînent à la révérence.

La chaîne des prieurs quitte le jardin des croix. Assommés par le chagrin, ils trébuchent et s'enlacent dans une procession négligée. Une dalle tasse le château de terre. La cloche sonne la défaite et le frottement des cuivres appelle la foi.

Cette nuit, il reste encore des traces de peine. Elle est dans la marque des pas, dans les nœuds de la corde à descendre, entre les feuillages piétinés par les petits enfants. Elle est dans le faux silence du cimetière, dans le dialogue étranger des morts qui accueillent l'autre mort, celui à la voix hautaine. Je passe en revue les allées et leurs tombes, les sections et leurs chapelles aux portes entrouvertes, avec la lumière oblique d'une lampe de poche. Les chats se sont cachés derrière les grilles de l'enclos du rien, des yeux rouges sautillent entre les barreaux tels des insectes phosphorescents qui ne se montrent qu'au sombre. La nuit révèle des pupilles à demi aveugles, elles se déguisent en pastilles sauteuses et travaillent, sans savoir, pour la peur. Je hache le jardin à coups de lueurs électriques, et, dans le ballet de bandes jaunes, je découvre au bout du faisceau la femme en habit d'os. Elle est assise sur une branche à la manière de l'acrobate qui attend le signal d'envoi, assis sur son trapèze, les jambes dans le vide, le corps faussement relâché.

Elle a fait fuir les chats, fait taire les oiseaux et, d'une main menaçante, elle a jeté un voile sur la lune de cette nuit. Je vois la flûte indienne sur les lèvres d'os, je vois une lame scintiller, j'entends un spasme de rire rentré. J'avance vers la nouvelle tombe. Quelqu'un y a déposé une photo du jeune homme mort. La peau est très blanche, coupée par endroits de grains bruns pour aggraver le contraste. Les yeux sont taillés au rasoir, le nez bien droit fait oublier sa fonction et trône comme un trait de perfection, la bouche s'étire à l'aide de deux plis minuscules creusés dans le bas des joues. Je pose ma lampe et devine dans le tremblement de la lumière artificielle toute la longueur de la dalle. Le marbre file sous mes doigts, je le suis, et m'allonge sur la couche de pierre. Les jambes s'écartent, le palais n'a plus de salive, le sexe cherche l'appui, quelques boules d'angoisse roulent dans la gorge, le froid colle à mon ventre transformé en pain de glace qui conserve les chairs. Je caresse le granit et me souviens des mots du Père, de la grimace de la mère, des jeux des enfants. Paquet obscène posé sur la tombe, je sens venir la honte suivie de près par un autre sentiment jusque-là inconnu : la culpabilité. Je pense à ma mère qui me donna son ventre et son sang, sa bouche et son sein pour me tenir en vie. J'imagine le torse nu, la pomme d'Adam si nette, si sortie de la gorge, les cuisses et le muscle, les mains de porcelaine qui serrent mon dos. Voilà la beauté dans la terre, voilà la petite musique de la mort. Et une mère hurle : « On m'a volé mon enfant! On m'a volé mon enfant! »

Un air de flûte indienne s'élance d'un arbre, survole les sépultures, me cherche, ricoche contre les angles et décapite. Les chats reviennent. Des centaines de crocs siffleurs arrachent la peau, la lune s'enflamme et le glas répond aux rires de la sournoise. J'essaye de me relever en forçant sur la main des caresses, mais, comme le reste de mon corps, mon poing est déjà mort. Je n'entends plus le cœur ni le souffle. Je laisse un corps allongé sur la tombe d'un jeune homme mort.

14.

Dans l'antichambre de l'éternité, les morts se bousculent. Les teints déjà terreux, la tête pleine de sang, l'abdomen cambré par la peur, le sourire coincé derrière les cheveux et le sexe abattu, ils attendent. Soutenus par un corps filandreux qui s'appauvrit au moindre choc, ils chuchotent dans une langue bien incertaine : la persuasion par le mensonge. Le ballet grotesque mêle le miasme du remords à la simple laideur d'un visage, la joie étouffée au désespoir avoué ; la honte du corps trop corps s'allie à la pureté d'une adolescente, le regret donne la main à la bonne conscience, la concupiscence se divise en trois mots distincts qu'elle crache au visage des derniers juges. Le feu se met en avant, la vapeur s'égrène, une ronde se forme, un impie vomit son dernier glaire de révolte, on sort les accessoires de la foi pour bénir symboliquement ceux que la bénédiction rejette. Des voiles roses recouvrent lentement la piste des plaintes, on fait brûler des herbes et de l'encens, des coupes suspendues à un fil d'argent descendent sur la bouche des petits enfants, une palme s'agite pour la fraîcheur, des pinces de bronze remuent les braises. Les parfums des défunts quittent les peaux respectives, le ciel s'obscurcit, il se charge d'ombres et de secrets. Diurnes ou noctambules, tous les éléments nécessaires à la dernière comédie humaine s'inscrivent sur une toile dressée à l'encontre des pécheurs, tendue à ses extrémités par quatre anges bienveillants. Les premiers fautifs tombent par grappes de dix dans le ventre de la Cour enflammée, un doigt trop grand pointe sur les têtes et une vieillarde couvre son sexe d'une main pleine de taches.

Ils gémissent. Se tordent. Ils se font peur. Ils ont peur ! Ils rapportent des bruits ou se tiennent sagement. La panoplie de l'espèce humaine est au complet. Le voleur vide ses poches, la femme adultère presse le bras de son mari, le dictateur pleure, l'assassin se lave les mains, le philosophe se tait, l'opprimé dissimule sa trop grande douleur, la mauvaise mère chante une berceuse, le plaisant solitaire lance des œillades, le père fouettard offre des roses, les fillettes jouent au jeu de l'Oie et le menteur dit qu'il ne ment plus. Les haleines sont fortes, ça pue la mauvaise conscience et le repentir.

Les putains détachent leurs breloques impudiques. Travailleuses des rues dont la fesse se dénude à la lueur d'un simple phare, elles roulent leurs bas de fil sur des chevilles cerclées de varices : les gourmettes naturelles aux mille poinçons. D'un coup de talon professionnel, les Madones d'un soir se débarrassent des instruments de l'envie ; tirant sur une zibeline trop courte, elles tentent de cacher la bouche aphone, puis, d'un revers de main très tragique, elles restituent aux lèvres leur couleur initiale. Et un poing bleu s'enfonce dans le sexe meurtri. Le vernis s'écaille au grand air, la chevelure se graisse, les paupières s'affaissent, la poudre devient liquide, une pierre brillante scintille au beau milieu des ventres pétris. Les chairs rebondissent, la cuisse est molle, le poil repousse, les dos faiblissent, le mollet se fait agressif, le mot est acerbe. Marchandes de rêves, muses grossières, divines sur canapé, cocottes fanées, traînées de la nuit et du jour, Vénus d'impasse, elles sentent la rue et le drap sale. Dieu fera-t-il une place à ces étancheuses de soif dissimulées derrière une porte cochère, dans l'ombre d'un escalier défoncé, dans le tronc d'un arbre spécialement taillé pour elles ? Et les héroïnes d'un seul moment se signent pour une couche plus reposante.

Ils se sont oubliés sur un corps trop caressé. Elles ont monnayé l'extase bâclée. Les membres se souviennent encore des doigts qui cherchaient une niche dans la cavité amputée de plaisir, ils parlaient des heures et des heures durant à des lèvres qui ne s'agitaient que pour en nourrir d'autres, aussi gourmandes mais plus loquaces : les lèvres du visage. Elles tenaient compagnie, bernaient la solitude, trompaient l'ennui, elles berçaient les maux ; inventives contre la monotonie, les putains étalaient leurs peaux d'ivoire devant des yeux pleins de larmes. Idoles désarticulées, maquerelles distinguées, chétives, rougeaudes ou soufflées, filles de joie et de tristesse, elles baisent le sol de la Cour du Ciel, les aisselles ruisselantes et l'âme harassée. En reste de provocation, elles battent des cils quand Dieu l'inhumain les fait appeler à l'autel des immortels.

Les jugements sont rapides, le verdict sévère. Je me promène entre les tranches de vie disposées à plat comme les fruits et les légumes des étals des marchés. On pèse, on mesure, on soupèse, on tâte, on calcule, on suppute, on rassure et ils condamnent d'un coup de voix et de sermon. Je n'ai pas peur. J'ai aimé. Il avait la peau très blanche coupée de grains de beauté. Je transporte ma dernière image dans un chiffon de soie et la projette sur les murs de la Cour du Ciel à travers l'œil haché, la lucarne déformée d'un kaléidoscope fendu. Les tombes se mélangent, les terres s'ouvrent, les chats s'accrochent à la broussaille, une fille aux yeux désespérément blancs avale au grand goulot de l'eau. De l'eau du lac. Je tiens mon sexe d'une main fermée en tube, il ressemble à un pochoir encore trempé d'encre.

Les siamois de la dernière instance avancent vers la porte du tribunal des raisons; amants suicidaires, ils se tiennent le ventre. Le sang s'est arrêté de couler mais il reste l'entaille, la marque du sacrifice d'amour. Et ils se souviennent des nuits de baisers et de déhanchements, du pacte des deux peaux, de la promesse de mort. Ils parlent vite, ils ont hâte puis s'interrompent pour chasser un oiseau de paradis qui se moque. Une mère et son enfant sont emmaillotés dans des bandes de tendresse; ce soir-là, une voix ordonna le geste fatal, le petit dormait dans son lit de fer forgé, le nombril était à peine fait. Elle s'est approchée, et, avec les mains d'une mère, elle a pressé l'oreiller contre le visage de l'enfant rêveur. Une folle saute à cloche-pied autour des flammes et des fleurs de soufre en chantant une comptine macabre. Elle a une corde au cou, des oreilles grignotées et un ricanement trébuche dans une bouche sans dents. Les éclopés se tiennent droits, l'orateur se bâillonne, le peintre coupe ses doigts, le voyageur dépose sa valise, l'obèse rentre ses formes, l'aveugle fait de l'œil aux borgnes. Et ils jugent!

L'alcoolique est là. Lui aussi. Dissimulé entre deux piliers, il observe un ange joueur de harpe. L'instrument démesurément grand écrase l'enfant, ses cordes trop tendues blessent et reblessent le pouce et le majeur du mineur éternel. Le chérubin musicien cogne de temps en temps sa tête contre le bois d'or pour battre la cadence. Ils se regardent avec la même tristesse.

Malgré ce fatras, les notes semblent mélodieuses aux oreilles à demi fermées de l'alcoolique. Il les voit, il les touche, il les caresse et elles glissent sur ses paumes pour rejoindre une spirale aux sept couleurs. L'enfant s'applique et les gammes généreuses transportent la douleur jusqu'aux lèvres du noctambule. Il cache ses guenilles en tirant dessus. Curieuse tenue pour franchir la porte de l'Éternité, pense-t-il. L'ange, lui, est nu. Il n'a rien à cacher. De ce côté du ciel, le climat est plus doux, le sol plus accueillant avec ses soies bleues et son molleton de coton. Je reste là, je regarde et j'écoute. Il ôte sa chemise, desserre d'un cran sa ceinture pleine de veines pour laisser libre cours à un ventre proéminent. Il s'agenouille. Je recule légèrement. L'ange fait un terrible effort ; la harpe très inclinée lâche maintenant de jolies notes. Et l'alcoolique décharge sur le parvis du ciel ses blessures d'antan. Des cheveux d'ange se balancent entre la soudaine lumière du lieu-dit et l'obscurité de l'histoire qui s'échappe d'une langue piquée de bile ; ses tétons entourés de marbre lisse sont resserrés par un nœud de peau, les cuisses, elles, modulent la pression de l'instrument tandis que la bouche, transformée en piston, propulse quelques bouffées aseptisées d'odeurs et d'envies. Aussi lourd de sens qu'un chant de dernier instant, le son porte à bout de bras le buveur qui se met à parler.

Deux cymbales se frottent l'une contre l'autre comme les sexes bien lisses des sœurs danseuses et la mélodie brutale chevauche la réalité sur un rythme connu de tous : le passé ravigoté. Les épaules tombantes, le sourire bien pâle qui fait la nique aux maux du romantique saoulé par un verre de mélancolie passagère, il ânonne ses derniers souvenirs en guise de confession, et ses paroles souillent le visage du castrat juvénile. Matelas plein de pisse, rasoir fendu entre deux coups de mort, jambes trouées en leur sommet d'une traînée orpheline, marques de doigts sales autour d'une poignée, autour d'une pensée, grues mal lavées dont les sexes transpirent sous un coton trop serré, danse sans cadence des valseurs ivres morts, chairs moites, mamelons gonflés de lait dans lesquels s'enfonce une tête chauve et perdue. L'âme soudain alerte, le buveur se souvient des rondes de nuit, des ballets sans musique et de la fatigante tristesse d'un jour sans rien. Plus d'amour, qu'une esquisse de tendresse et de pitié qui se perd dans l'odeur d'une aisselle trop forte pour le rêve.

L'ange s'est arrêté de jouer, les bras marbrés se croisent en croix. L'entrecuisse amputé frémit. Des perles de sang glissent lentement de la tête au cou en faisant bien attention à la moulure des oreilles. Mais le sang n'est pas aussi rouge que le mien, celui de mes doigts. Les notes se détachent alors de l'alcoolique. Dans un brouhaha lointain, les autres vies continuent à se faire peur, à tricher.

Une autre peau l'enveloppe, plus rugueuse. Il est tout seul avec ses mains en forme de verre. Anisé, âpre, sucré, acide, amer, velouté, doux, brûlant, onctueux, gras, mélangé, rosé, jaune ou plutôt vert, ses dents ont rencontré plus d'un élixir, plus d'un trompe-la-bouche. Puis la tête se venge. Elle oscille, tourneboule et se ferme. Chaque gorgée transporte un sourire, une phrase, un baiser. Elles drainent l'accident. Les représentantes de la mort se tiennent par la main, avancent à la queue leu leu, grimpent sur la langue et plongent brutalement dans une des branches du cœur : la carotide. Puis, elles s'éparpillent par groupes de deux dans les niches nerveuses du nouvel hôte. Le présent se désosse, le corps se laisse faire. Tout est possible en cet état d'excitation. Des voix se superposent; la voix, elle, est inaudible. Enfin les veines attaquent; elles sortent d'une narine trop grandement ouverte, battent sur la gorge, affluent sous le ventre, gonflent et éclatent. Collier d'émeraudes très précieuses autour de la poitrine, filandreuses à l'intérieur des bras, on les retrouve en feuilles de corail gracieusement disposées sur l'arête du nez et parfois même elles se recroquevillent en petites bagues d'enfant au coin de la bouche.

101

L'habitude les fait oublier, des fées se dénudent au fond du récipient et les rats, surgis du plâtre, commencent à couiner.

L'alcoolique s'est tu brusquement. L'ange est parti depuis longtemps. Le buveur se met à pleurer d'avoir trop raconté. Je le serre dans mes bras mais il est trop tard. On m'appelle. Je me dirige vers le tribunal des raisons et me souviens d'une méchante petite fille aux doigts pleins de sang.

Les juges attendent. Je vais à la barre. Un ange joue de la harpe. La mémoire, une fois énervée par l'ambiance, arrache ses croûtes et creuse les plis du temps d'une façon maladive. Des aphtes béants inaugurent maintenant une voie vers la chambre secrète. Le passé se livre, le passé se lit. Je crache l'histoire et j'entends, au loin, un violon briser à coups d'archet le souffle rectiligne d'une seule corde pincée.

DU MÊME AUTEUR

Ouvrage reproduit par procédé photomécanique.
Impression Bussière à Saint-Amand (Cher),
le 23 mai 2001.
Dépôt légal : mai 2001.
1ᵉʳ dépôt légal dans la collection : août 1994.
Numéro d'imprimeur : 13405.
ISBN 2-07-038936-7./Imprimé en France.